Prinz Rupi

Digitalisierung der Schlaraffia

Bestandsaufnahme und Zukunft

Impressum

© Prinz Rupi 2023
Prinz Rupi Kulturstiftung
Hünefeldzeile 18 • D-12247 Berlin
Mail: prinzrupi@gmail.com
Mit einem Sonderbeitrag von © Rt Basso-contonio (12)

Bei diesem Dokument handelt es sich um ein *work in progress*, also ein in ständiger Entwicklung und Fortschreibung befindliches Werk. Der Autor bittet herzlich um Hinweise auf fehlende Informationen sowie auf Entwicklungen und Aspekte, die Beachtung verdienen. Stand: 17.10.2024

Danksagung: Mein besonderer Dank für Hilfestellung und fachkundige Begleitung gilt Rt Favorito (197), Rt Pantico (02), Rt Kleinerdrei (195), Rt Excelsius (109), Rt Spaß-Partu (02), Rt Freu-dig (427), Rt Un-Bequem (432), Jk Cornelius (338), Rt Fex (53) sowie Rt El Charro (175).

Hinweise, Korrekturen und Ergänzungen bitte direkt an: prinzrupi@gmail.com

Inhaltsverzeichnis

Impressum 4

Exposition 9

Was bedeutet Digitalisierung? 11

Digitalisierung der Schlaraffia 13

Voraussetzung der Digitalisierung 14

Ziel der Digitalisierung 17

Digitalisierung und Internet 20

Das Mobiltelefon – der TaschenUHU 23

Der Weg ins Internet 27

Die Rolle des Routers 30

Schlaraffia im digitalen Raum 33

Das Uhunetz 37

Die Rolle der Uhunetzseite 39

Software der Uhunetzseite 42

Die redaktionellen Inhalte 45

Die Rolle des Sendboten 48

Gruppenkontakt per Messenger 51

Gründung einer Messenger-Gruppe 54

Kommunikation per Zoom 57

Aether-Krystallinen 62

Freundschaft im digitalen Raum 65

Das digitale Gedächtnis 68

Live-Sippungen per Zoom 71

Der Nutzen einer Fechswand 78

Social Media 81

Facebook 84

Instagram 87

Internet-Radio/Podcast 90

UHU-Radio 93

Internet-Fernsehen 95

LULU-TV 99

Allschlaraffische Datenzentrale 102

AVS 106

APParillo 109

Einsatz Künstlicher Intelligenz 111

Eine Sippung anno 2030 114

Coda 117

Memorandum des ThinkTanks der schlaraffischen

Netzritter 124

Schlaraffia unter der Corona-Pandemie 137

*Mit effizienteren
Kommunikationsformen
wird es leichter,
uns auf das »Wesentliche«
in unserem Spiel
zu konzentrieren.*

Rt Favorito, Vorsitzender des ASR, 2023

Exposition

Das eigentliche Problem jeder Neuerung ist nicht die Neuerung selbst, sondern das Risiko, die Kontrolle darüber zu verlieren, wie und von wem sie beeinflusst wird. Diese Kontrolle kann man nur behalten, indem man lernt, wie die Neuerung funktioniert.

Wer sie ablehnt und verbietet, wird früher oder später lernen, dass sich erstens nichts wirklich dauerhaft verbieten lässt, was einmal erfunden ist und zweitens diejenigen, die verstehen, wie etwas funktioniert, jenen, die sich weigern, dazu zu lernen, immer einen Schritt voraus sein werden – im Guten wie im Bösen.

Rt Prinz Rupi (175)

Was bedeutet Digitalisierung?

Digitalisierung bezieht sich in dieser Betrachtung auf den Prozess der Umwandlung von analogen Informationen, Prozessen und Aktivitäten in digitale Formate, die mit Computern und anderen digitalen Geräten verarbeitet werden können.

Digitalisierung bedeutet, Informationen, Daten und Prozesse in elektronischen Systemen zu speichern, zu organisieren, zu übertragen und zu verarbeiten, was eine schnellere, effizientere und präzisere Durchführung von Arbeitsprozessen, Dienstleistungen und Kommunikation ermöglicht.

Die Digitalisierung hat in vielen Bereichen der Gesellschaft Auswirkungen, von Unternehmen und Regierungsbehörden bis hin zu Bildungseinrichtungen und persönlichen Beziehungen. Ein Verein wie die Schlaraffia ist davon nicht ausgenommen.

Digitale Technologien wie das Internet, Mobilgeräte und Cloud Computing ermöglichen es Unternehmen, Organisationen, Vereinen und Einzelpersonen, ihre Prozesse zu rationalisieren, ihre Effizienz zu verbessern und neue Produkte und Dienstleistungen zu entwickeln, die von Kunden und Benutzern besser angenommen werden.

Die Digitalisierung der Schlaraffia ist eine Grundvoraussetzung für das Überleben des Bundes und die Bewahrung seiner drei ehernen Grundsätze Kunst, Freundschaft und Humor.

Sie wird gleichzeitig zur Nagelprobe für diejenigen, die sich wortreich für die Schlaraffia einsetzen und denjenigen, die den Wandel und Fortbestand tatsächlich durchsetzen und erleben wollen.

Digitalisierung der Schlaraffia

Die Digitalisierung der Schlaraffia bezieht sich auf den Prozess, bei dem der Verein seine Geschäftsprozesse, Kommunikation und Interaktion mit Mitgliedern und anderen Interessengruppen über digitale Technologien optimiert.

Dies kann beinhalten die Verwendung von Online-Werkzeugen zur Mitgliederverwaltung, die Einführung von digitalen Kommunikationskanälen (z.B. Social Media, E-Mail-Marketing) und die Nutzung von Technologie, um Meetings und Veranstaltungen abzuhalten.

Es kann und soll dazu beitragen, die Transparenz und die Zusammenarbeit innerhalb des Vereins und des Verbandes zu verbessern.

Voraussetzung der Digitalisierung

Um die genannten Ziele der Digitalisierung in der Schlaraffia zu erreichen, sind folgende Schritte erforderlich:

1. Bedarfsanalyse: Bevor man aktiv mit der Digitalisierung beginnt, sollte man die aktuellen Anforderungen und Prozesse des Vereins genau untersuchen und identifizieren, welche Bereiche optimiert werden können.

2. Strategieentwicklung: Auf Basis der Bedarfsanalyse sollte man eine Digitalisierungsstrategie entwickeln, die die Ziele, Maßnahmen und Ressourcen definiert.

3. Auswahl der Werkzeuge (*Tools*): Es sollten die geeigneten digitalen Tools ausgewählt werden, die die Bedürfnisse des Vereins erfüllen und die strategischen Ziele unterstützen.

4.	Implementierung: Die ausgewählten digitalen Tools sollten implementiert werden. Implementieren bedeutet, etwas in die Praxis umzusetzen. Hier bezieht sich das Implementieren auf den Prozess, bei dem eine Softwareanwendung erstellt und in Betrieb genommen wird. Das bedeutet, dass ein Programm-Code (Anwendungsprogramm) geschrieben und dann getestet, bereitgestellt und gewartet wird, um sicherzustellen, dass er ordnungsgemäß funktioniert und den Anforderungen entspricht. Dies kann durch interne IT-Experten oder externe Dienstleister erfolgen.

5.	Schulung: Um sicherzustellen, dass die Tools von allen Mitgliedern des Vereins genutzt werden können, müssen Schulungen durchgeführt werden.

6.	Nachbetreuung: Es sollten regelmäßige Überprüfungen durchgeführt werden, um sicherzustellen, dass die Tools korrekt genutzt werden und eventuelle Probleme schnell behoben werden können.

7. Anpassung: Es ist sinnvoll, die Tools und Prozesse regelmäßig an die sich verändernden Bedürfnisse des Vereins anzupassen bzw. zu aktualisieren, um die Ziele der Digitalisierung aufrechtzuerhalten und kontinuierlich zu verbessern.

Ziel der Digitalisierung

Die Schlaraffia kann mit der Digitalisierung eine Vielzahl von Zielen erreichen.

1. Verbesserung der Mitgliederbetreuung: Mit digitalen Tools wie Software zur Mitgliederverwaltung, der vorhandenen *AVS* und E-Mail-Marketing kann der Verein die Kommunikation und Interaktion mit seinen Mitgliedern verbessern und ihnen einen besseren Service bieten.

2. Erhöhung der Transparenz: Durch die Verwendung digitaler Tools wie Online-Portale und Social-Media-Plattformen kann der Verein seine Aktivitäten und Entscheidungen transparenter machen und damit die Mitgliederbeteiligung und das Vertrauen erhöhen.

3. Steigerung der Zusammenarbeit: Mit digitalen Tools wie Online-Meeting-Tools (z.B. *Zoom*) und Projektmanagement-Software kann der Verein die Zusammenarbeit und den Austausch von Informationen innerhalb

des Reyches sowie mit anderen Reychen verbessern. Es können Reyche in Übersee, die oft nur noch wenige Sassen haben, solidarisch unterstützt und einbezogen werden.

4. Erhöhung der Sichtbarkeit und Reichweite: Durch die Nutzung von digitalen Kommunikationskanälen wie Social Media und Online-Marketing kann der Verein seine Sichtbarkeit und Reichweite erhöhen und neue Mitglieder gewinnen.

5. Kosteneinsparungen: Durch die Digitalisierung von Geschäftsprozessen und die Nutzung von digitalen Tools kann der Verein Kosten einsparen, indem z.B. Papierkosten reduziert oder Reise- und Benzinkosten eingespart werden. Dabei ist auch der damit verbundene Zeitgewinn zu berücksichtigen.

6. Erhöhung der Effizienz: Durch die Automatisierung von Prozessen und die Verwendung von digitalen Tools kann der Verein seine Arbeitsabläufe optimieren und die Effizienz erhöhen.

7. Zeitgewinn: Digitalisierung reduziert die Fahrzeiten auf null und räumt damit viele Stunden frei, die für sinnvolle Vereins- oder künstlerische Arbeiten genutzt werden können. Der Zeitgewinn ist der am schnellsten sichtbar werdende Erfolg der Digitalisierung.

8. Nachhaltigkeit: Durch seine Digitalisierung arbeitet der Verein nachhaltiger. Er arbeitet langfristig und zukunftsfähig und berücksichtigt dabei soziale, ökologische und ökonomische Aspekte, indem er auf Bedürfnisse von Gesellschaft und Umwelt Rücksicht nimmt. Um nachhaltig zu sein, achtet der Verein beispielsweise darauf, dass seine Aktivitäten umweltverträglich sind und Ressourcen wie Energie und Wasser eingespart werden.

Digitalisierung und Internet

Das Internet ist wesentlicher Bestandteil der Digitalisierung, da es als das zentrale Medium für die Übertragung digitaler Informationen und Daten dient. Ohne das Internet wäre die Digitalisierung unmöglich, da es das Netzwerk ist, das Geräte und Systeme miteinander verbindet und den Austausch von Daten bzw. Informationen ermöglicht.

Durch das Internet können Unternehmen und Organisationen auf der ganzen Welt in Echtzeit miteinander kommunizieren und Geschäfte tätigen. Das Internet verbessert auch den Zugang zu Informationen und Bildung, indem es Nutzern auf der ganzen Welt ermöglicht, auf eine Fülle von Wissen und Ressourcen zuzugreifen.

Die Digitalisierung entwickelt auch das Internet selbst weiter, indem sie neue Technologien wie Cloud Computing, künstliche Intelligenz und das »Internet der Dinge« hervorbringt. Diese Technologien verändern die Art und Weise, wie wir leben, arbeiten und miteinander umgehen.

Der Begriff »Internet der Dinge« (englisch: Internet of Things, IoT) bezieht sich auf die Vernetzung von Geräten und Gegenständen des täglichen Lebens mit dem Internet. Der Sinn besteht darin, Daten auszutauschen sowie automatisierte Abläufe auszulösen.

Das »Internet der Dinge« ermöglicht die Verbindung von Alltagsgegenständen wie Haushaltsgeräten, Fahrzeugen, Überwachungskameras oder Maschinen mit dem Internet. Die vernetzten Geräte sammeln Daten und tauschen Informationen miteinander aus, um Automatismen in Gang zu setzen, die dazu beitragen können, den Energieverbrauch zu senken, Produktionsprozesse zu optimieren oder die Sicherheit und Effizienz von Städten oder Verkehrssystemen zu verbessern.

Ein praktisches Beispiel dafür ist ein vernetztes Fahrzeug, das Daten durch Sensoren und Kameras erfasst, um automatisch die Geschwindigkeit oder den Abstand zum vorausfahrenden Fahrzeug beziehungsweise plötzlichen Hindernissen zu regulieren.

Das Mobiltelefon – der TaschenUHU

Ein probates Mittel, um in einer zunehmend digitalisierten Welt zurechtzukommen, ist die Nutzung eines TaschenUHUs. Das Mobiltelefon, schlaraffisch »*TaschenUHU*«, bietet sowohl dem einzelnen Schlaraffen wie den schlaraffischen Vereinen viele Vorteile. Hier sind einige Möglichkeiten, wie ein Mobiltelefon genutzt werden kann:

Für das einzelne Mitglied:

1.   Notfallkontakt: Ein TaschenUHU kann als Notfallkontakt dienen. Im Falle eines Unfalls oder einer medizinischen Notlage kann schnell Hilfe gerufen werden.

2.   Soziale Verbindung: Ein TaschenUHU kann helfen, mit Familie und Freunden in Kontakt zu bleiben, auch wenn sie nicht in der Nähe sind. Es kann damit beitragen, soziale Isolation zu reduzieren, indem es älteren Menschen die Möglichkeit gibt, mit anderen Menschen in Kontakt zu treten.

3.   Erinnerungen und Planung: Ein TaschenUHU kann helfen, Termine und Erinnerungen zu organisieren und zu planen. Es kann auch als Erinnerung an Medikamente und andere wichtige Aufgaben dienen.

4.   Unterhaltung: Ein TaschenUHU schafft Zugang zu Musik, Videos, Rätseln und Spielen.

5.   Sicherheit: Ein TaschenUHU dient dem bargeldlosen Zahlungsverkehr und erhöht damit die Sicherheit im Alltagsleben.

Für Vereine:

1.   Kommunikation: Ein TaschenUHU kann für die Kommunikation zwischen den Mitgliedern und dem Vereinsvorstand genutzt werden. Messenger-Gruppen oder Textnachrichten dienen dazu, schnell und effizient Informationen auszutauschen.

2.   Terminplanung: Ein TaschenUHU kann genutzt werden, Termine zu organisie-

ren und zu planen, insbesondere für Veranstaltungen und Treffen.

3. Marketing und Promotion: Ein TaschenUHU kann für die Promotion von Veranstaltungen und Aktivitäten genutzt werden, indem Fotos, Videos oder SocialMedia-Beiträge geteilt werden.

4. Verwaltung: Ein TaschenUHU kann genutzt werden, die Vereinsverwaltung zu vereinfachen, indem z.B. Online-Mitgliedschaftsverwaltung oder Zahlungsmöglichkeiten angeboten werden.

Insgesamt bietet ein TaschenUHU sowohl für den Einzelnen als auch für Vereine unschätzbare Vorteile, indem es die Kommunikation, Organisation, Unterhaltung und Verwaltung erleichtert. Es ist ein praktisches und vielseitiges Werkzeug, das sowohl persönlich als auch beruflich genutzt werden kann. Von Millionen Menschen wird der TaschenUHU inzwischen wie ein Kleidungsstück ständig am Körper getragen.

Neben den vielen Vorteilen bestehen Risiken: Im Falle eines Verlustes des Taschen-UHUs ist durch den damit erfolgten Datenverlust eine erheblich eingeschränkte Bewegungsfreiheit verbunden, insbesondere dort, wo eine Zwei-Faktor-Autorisierung erforderlich ist, die üblicherweise des Smartphones bedarf.

Der Weg ins Internet

Das Internet ist ein globales Netzwerk von Computern, die miteinander verbunden sind und es Nutzern ermöglichen, Informationen und Ressourcen zu teilen und zu kommunizieren. Es besteht aus Millionen von Netzwerken, die miteinander verbunden sind und es ermöglichen, auf eine breite Palette von Diensten wie E-Mail, Instant Messaging, soziale Medien, Online-Shopping, Streaming von Videos und Musik, Online-Banking und viele andere Dienste zuzugreifen. Das Internet ist zu einem wesentlichen Bestandteil unseres täglichen Lebens geworden und hat die Art und Weise, wie wir kommunizieren, arbeiten und leben, revolutioniert.

Um das Internet nutzen zu können, benötigt man eine Verbindung zu einem Netzwerk, das mit dem Internet verbunden ist. Dies kann über verschiedene Technologien wie WLAN, Ethernet, Mobilfunknetze oder Satellitenverbindungen erfolgen. In den meisten Fällen erfolgt die Verbindung mittels eines

Providers, der die entsprechenden Daten speichert und gegen Entgelt bereithält.

WLAN steht für »*Wireless Local Area Network*« und bezieht sich auf ein drahtloses Netzwerk, das es Benutzern ermöglicht, auf das Internet und andere Netzwerkressourcen zuzugreifen, ohne ein physisches Kabel zu verwenden.

Ein WLAN-Netzwerk besteht aus einem oder mehreren *Access Points (APs)*, die ein Funksignal aussenden, das von WLAN-fähigen Geräten wie Laptops, Smartphones oder Tablets empfangen werden kann. Dieser Access Point dient als Verbindungspunkt zum kabelgebundenen Netzwerk und ermöglicht den drahtlosen Zugriff auf das Internet oder andere Netzwerkressourcen.

WLAN-Netzwerke können auf verschiedene Arten gesichert werden, um unbefugten Zugriff oder Datenmissbrauch zu verhindern. Hierzu gehören Verschlüsselungsprotokolle wie *WPA2* und die Verwendung von Passwörtern oder anderen Authentifizierungs-methoden.

Um das Internet nutzen zu können, benötigt man ein Gerät wie einen Computer, ein Smartphone, ein Tablet oder ein anderes internetfähiges Gerät. Auf diesem Gerät muss eine Software installiert sein, die die Verbindung zum Internet herstellen und den Zugriff auf Webseiten, Anwendungen oder andere Online-Dienste ermöglichen kann.

Die Rolle des Routers

Zum Aufbau und zur Organisation eines räumlich geschlossenen Netzwerkes ist ein Router, beispielsweise eine *FRITZ!Box*, erforderlich. Dieses Netzwerkgerät wird verwendet, um den Datenverkehr zwischen verschiedenen Netzwerken zu steuern und zu verteilen. Ein Router ermöglicht also die Verbindung von Computern und anderen Geräten in einem Netzwerk mit dem Internet oder anderen Netzwerken.

Ein Router verwendet dazu Routing-Tabellen, um Entscheidungen darüber zu treffen, wohin Datenpakete weitergeleitet werden sollen. Wenn ein Datenpaket an den Router gesendet wird, überprüft dieser die Routing-Tabelle, um zu bestimmen, welcher Netzwerkpfad das Datenpaket zu seinem Ziel führt. Der Router kann auch *NAT* (*Network Address Translation*) verwenden, um private IP-Adressen innerhalb des Netzwerks in öffentliche IP-Adressen umzuwandeln, um die Verbindung mit dem Internet zu ermöglichen.

Ein Router verfügt normalerweise über mehrere Anschlüsse (Ports), an die Netzwerkgeräte wie Computer, Switches oder Access Points angeschlossen werden können. Einige Router bieten auch drahtlose Netzwerkfunktionen, die es WLAN-fähigen Geräten ermöglichen, auf das Netzwerk zuzugreifen.

Router sind in verschiedenen Ausführungen erhältlich, von einfachen Heimroutern bis hin zu leistungsstarken Enterprise-Routern für große Netzwerke. Die meisten Geräte bieten erweiterte Funktionen wie Firewall-Sicherheit, VPN-Unterstützung und *Quality of Service (QoS)*, um die Netzwerkleistung zu optimieren. Für den Betrieb in einem Vereinslokal ist eine *FRITZ!Box* vollkommen ausreichend.

Ein wichtiger Faktor für die Nutzung des Internets ist die Geschwindigkeit der Internetverbindung. Eine schnelle Internetverbindung ermöglicht schnellere Übertragungen von Daten, Downloads von Dateien und eine bessere Qualität bei der Übertragung von Audio- und Videodaten.

Schließlich ist die Kenntnis grundlegender Computer- und Internetkenntnisse notwendig, um das Internet effektiv nutzen zu können. Hierzu gehören grundlegende Kenntnisse über die Verwendung von Webbrowsern, die Durchführung von Online-Suchen, die Verwendung von E-Mail und die Sicherheitsvorkehrungen zum Schutz von Daten und Geräten.

Schlaraffia im digitalen Raum

Die schlaraffischen Anfänge im Internet rei-
chen zurück in die Mitte der 1990er Jahre.
Die Erstellung von Internet-Seiten gestaltete
sich damals noch aufwändig, alles musste in
HTML programmiert werden. So wagten sich
nur wenige an das Anlegen von Uhunetzseiten.

HTML (*Hypertext Markup Language*) ist eine
Auszeichnungssprache, die zur Erstellung
von Webseiten verwendet wird. Sie wurde
1990 von Tim Berners-Lee, einem britischen
Informatiker, damals Mitarbeiter am *CERN*,
dem Europäischen Kernforschungszentrum
in der Schweiz, erfunden. Berners-Lee entwickelte HTML als Teil seiner Arbeit an
einem Projekt namens *World Wide Web
(www)*, das darauf abzielte, eine einfache
Möglichkeit zu schaffen, um Dokumente über
das Internet zu teilen und zu verlinken. Seitdem hat sich HTML zur grundlegenden Sprache des Nutzes entwickelt.

Suchmaschinen waren gerade erst im Entstehen und so fanden sich im Uhuversum
eher zufällig die Reyche *Totowa* (Rt Ardeus),
Athenae Gottingenses (Rt Strix) und *Imma
Algoviae* (Rt Libero) zusammen und tausch-
ten erste Erfahrungen aus.

Diese Reyche bauten zum ersten Mal eine
Art Netz-Ringverbindung auf. Ein Anfang war
gemacht. Aber wie sollte man diese im Internet noch versprengten Reyche finden? Deshalb reifte in Rt Libero (281) der Entschluss,
eine eigene »Dachseite« des Verbandes Allschlaraffia zu schaffen, in der sich alle Reyche präsentieren können und die dann als
allgemein offene und zugängliche Plattform
dienen sollte.

Anlässlich einer ASR-Sitzung im Jahre 1999
stellte Rt Libero sein Konzept einem Gre-
mium unter Leitung des ASR Rt Menne vor,
und man entschloss sich, einen Anfang zu
wagen. ASR Rt Muschelmotz wurde mit der
Umsetzung beauftragt, die Erstellung der
Seiten wurde einer kommerziellen Firma
übertragen. Der Aufbau wurde von den be-

stehenden Reychsseiten übernommen und beschränkte sich im Wesentlichen auf die Verlinkung der Reyche.

Rt Libero arbeitete weiter an seinem Konzept, denn es zeigte sich bald, dass diese Seiten zu statisch waren und es sinnvoller wäre, die Erstellung, die Gestaltung und die Aktualisierung der Dachseiten des Bundes in Schlaraffenhand zu übergeben, um schlaraffische Ideen besser im neuen Medium umsetzen zu können.

Auf einer Sitzung im Jahre 2000 in Konstanz im Beisein von ASR Rtt Schilf und Van der Goschen stellte Rt Libero seine neue Konzeption vor und wurde mit Beschluss des Allschlaraffenrats vom November 2000 mit der Gestaltung der Seiten beauftragt. Zeitweilig lief man noch zweigleisig, bis dann alle Seiten unter www.schlaraffia.org zusammengefasst werden konnten.

Mit Unterstützung von ASR-Vorsitzenden Rt Schilf und ASR Rt Van der Goschen baute Rt Libero die neuen Seiten auf und führte nach

Beschluss des ASR auch beim jeweiligen Wechsel des ASR-Vorsitzes die Arbeit als Internet-Koordinator und »*Uhu-Netzmeister*« bis zu seinem Ableben am 28.06.2020.

Die Seiten beinhalten Informationen für profane Interessierte, Stammrolle in Kurzform, aktuelle Terminkalender mit regionaler Unterteilung, Artikel aus der Presse zu Schlaraffia, Wegbeschreibungen zu den Burgen, schlaraffische Stammbäume, Ehrenschlaraffen, Ausrittorden, Foto-Chroniken, Freundschaftskasse, Kanzlerecke, Gästebuch, Forum.

Das Uhunetz

Auf dem XXVI. Concil zu Bern am 12. Oktober 2019 wurde Rt Drei-Flei beauftragt, die zentrale Uhunetzseite www.schlaraffia.org zu überarbeiten. Diese wurde *»Uhunetz«* getauft.

Das Uhunetz wurde modernisiert. Im Ergebnis wurde eine zeitgemäße Informationsplattform für Schlaraffen geschaffen. Nachdem die Passwortfrage zur Freude der Schlaraffen vereinfacht werden konnte, hat die Plattform ein Erscheinungsbild erhalten, um den profanen *»Surfern«* Schlaraffia als moderne Institution zu präsentieren. Die Kantzler der Reyche wurden aufgerufen, den frisch erkürten Knappen den Zugang zum Netz zu erklären.

Seit 2019 werden die Zugriffszahlen auf das Uhunetz erfasst. Danach suchten beispielsweise im ersten Jahr 1.361 Nutzer nach Sippungsfolgen, und 300 Besucher blätterten in der digital lesbaren Schlaraffen-Zeitung DSZ.

Wie bei allen Internetseiten ist der springende Punkt – und damit die Herausforderung – für den möglichen Erfolg, möglichst viele Interessenten auf die Seite zu lenken. Dazu sind beispielsweise konkrete Hinweise im Netz, Querverweise sowie Weiterleitungen erforderlich.

Die tollste Seite nutzt wenig, wenn sie nur wenige Besucher hat. Es geht also letztlich immer darum, möglichst viele Besucher (*Unique Visitors*) auf die jeweilige Seite zu ziehen. Daran ändern lässt sich wiederum nur etwas über spannende Inhalte, fachsprachlich *Content* genannt, sowie über eine (kostenpflichtige) Werbung im Netz, die direkt in den Heimathafen führt.

2022 erhielt die zentrale Seite der Schlaraffen ein kosmetisches Update und stellt sich inzwischen wesentlich farbenfroher zeitgemäß dar.

Die Rolle der Uhunetzseite

Steht *schlaraffia.org* als zentrale Seite für den Gesamtverband, so ist eine eigene Uhunetzseite (Homepage) für jeden schlaraffischen Verein unverzichtbar. Er stellt das digitale Gesicht des jeweiligen Vereins im Internet dar und ist die wichtigste zeitgemäße Informationsquelle für Mitglieder, Interessenten und die Öffentlichkeit. Bei der Gestaltung der Startseite sollte davon ausgegangen werden, dass der Besucher keinerlei Kenntnisse von der Schlaraffia hat und diese auch nicht vorausgesetzt werden sollten.

1.   Präsentation des Vereins: Eine Uhunetzseite bietet dem Verein die Möglichkeit, sich und seine Ziele, Aktivitäten und Mitglieder der Öffentlichkeit zu präsentieren. Hier können wichtige Informationen wie Ansprechpartner, Veranstaltungskalender, Öffnungszeiten und Kontaktdaten veröffentlicht werden.

2. Informationsquelle: Die Uhunetzseite dient als zentrale Informationsquelle für Mitglieder und die Öffentlichkeit. Es können wichtige Dokumente wie Satzung, Protokolle, Anmeldeformulare, Mitgliedsbeiträge und andere wichtige Informationen leicht zugänglich gemacht werden. Dabei lassen sich öffentlich allgemein zugängliche und mit Passwort geschlossene, interne Bereiche einrichten.

3. Kommunikationsmittel: Eine Uhunetzseite ermöglicht es einem Verein, schnell und einfach mit seinen Mitgliedern und der Öffentlichkeit zu kommunizieren. Es können Neuigkeiten und Ankündigungen veröffentlicht werden, die Mitglieder können über Änderungen informiert werden und es können Rückmeldemöglichkeiten (Feedback) angeboten werden.

4. Mitgliedergewinnung: Eine Uhunetzseite ist ein wichtiges Werkzeug für die Gewinnung neuer Mitglieder. Interessenten können sich über den Verein informieren und Kontakt aufnehmen, um mehr Informationen

zu erhalten. Hier können auch Erfahrungs-
berichte von Mitgliedern (*Testimonials*) veröffentlicht werden, um Interessenten zu über-
zeugen.

5.   Imagepflege: Eine Uhunetzseite trägt
zur Imagepflege eines Vereins bei. Es können Erfolge, Auszeichnungen und Projekte
vorgestellt werden, um das positive Image
des Vereins zu stärken.

Software der Uhunetzseite

Bei der Erstellung und dem Aufbau einer Uhunetzseite sollte statt eines Baukasten-Anbieters eine *Open-Source-Software* eingesetzt werden, die keine finanziellen Verpflichtungen, Abonnements und sonstige Kosten an fremde Dritte auslöst.

Es ist zwar auf den ersten Blick bequemer, die Baukastensoftware eines Providers oder freien Anbieters zu nutzen. Doch alle Erfahrungen zeigen, dass daraus eine langfristige Abhängigkeit entsteht, die mit steigenden Kosten verbunden sein kann. Stellt der Anbieter aus irgendwelchen Gründen den Betrieb ein, und das ist beim seinerzeit größten europäischen Anbieter *Blog.de* geschehen, dann ist über Nacht alles im Orkus verschwunden.

Open-Source-Software wie *WordPress* hingegen ist kosteneffektiv, flexibel, sicher, und unterstützend. Sie gewährleistet eine weitgehende Unabhängigkeit von fremden Dritten und ermöglicht die Datenpflege auch beim unerwarteten Ausfall des Netzwartes.

Es gibt mehrere Gründe, warum Open-Source-Software die richtige Wahl für den Aufbau der Uhunetzseite sein kann:

1.   Kosten: Open-Source-Software ist in der Regel kostenlos oder sehr kostengünstig im Vergleich zu proprietärer Software. Das bedeutet, dass man Geld sparen kann, wenn man eine Uhunetzseite auf Basis von Open-Source-Software aufbaut.

2.   Flexibilität: Open-Source-Software bietet eine große Chance bei der Anpassung an die eigenen Bedürfnisse. Man kann den Quellcode der Software anpassen und erweitern, um eine Uhunetzseite zu erstellen, die exakt den eigenen Anforderungen entspricht.

3.   Sicherheit: Open-Source-Software wird von einer breiten Community von Entwicklern und Nutzern unterstützt, die gemeinsam sicherstellen, dass die Software sicher

und zuverlässig ist. Fehler und Schwachstellen werden schnell entdeckt und behoben.

4. Gemeinschaft: Open-Source-Software hat oft eine starke und aktive Gemeinschaft von Entwicklern und Nutzern, die sich gegenseitig unterstützen und wertvolles Feedback geben. Man kann von der Erfahrung und Expertise anderer profitieren, um eine bessere Uhunetzseite zu erstellen.

5. Unabhängigkeit: Wenn man sich für Open-Source-Software entscheidet, ist man nicht an einen bestimmten Anbieter gebunden. Man kann die Software frei verwenden, modifizieren und verteilen, ohne sich an bestimmte Vorgaben oder Einschränkungen halten zu müssen. Es ist relativ unkompliziert, einen Berater zu finden, der bei Problemen hilft.

Die redaktionellen Inhalte

Wie schafft man nur den viel zitierten *Content*, also die redaktionellen Inhalte für werbewirksame Seiten rund um den Heimathafen? Hier geht es darum, sich möglichst punktgenau auf die gewünschte Zielgruppe einzustellen. Am besten ist, man geht im Kopf der Zielgruppe spazieren und versucht, herauszufinden, was diese bewegt, motiviert oder interessiert.

Werbefachleute wenden dazu gern die *»AIDA-Regel«* an, um den Erfolg einer werblichen Botschaft zu beschreiben. Diese griffige Formel ist abgeleitet von den Anfangsbuchstaben der englischen Begriffe *attention* (Aufmerksamkeit), *interest* (Interesse), *desire* (Drang/Wunsch) und *action* (Handlung). Sie beschreibt den gewünschten Ablauf beim Empfänger einer Werbebotschaft.

Zuerst muss die AUFMERKSAMKEIT der Zielperson erregt werden.

Daraufhin wird INTERESSE geweckt.

Durch geschickte Argumentation geht es des Weiteren darum, einen Wunsch oder ein Bedürfnis im Publikum zu wecken, das wir der Formel zuliebe DRANG nennen wollen.

All das soll in konkrete AKTION münden – in den Kauf des Produkts oder in die Kontaktaufnahme mit dem Verein. Darunter wird eine positive Entscheidung für die umworbene Produktlinie oder Dienstleistung verstanden, die sich im Kauf, im Abonnement oder in einer Mitgliedschaft niederschlägt.

Die AIDA-Regel kann grundsätzlich auf jeden redaktionellen Inhalt angewandt werden. Dabei spielt es keinerlei Rolle, ob es sich um Berichte, Erzählungen, Reportagen, Romane, Gedichte, Reiseberichte oder Sachthemen handelt. Stets möchte der Urheber seinen Adressaten erreichen und ihn persönlich ansprechen. Ob sein Bemühen fruchtet, steht auf einem anderen Blatt.

Darauf kommt es an: Zuerst umreißen Sie Ihr Ziel. Erregen Sie dann die Aufmerksamkeit Ihres Lesers. In Verbindung damit wecken Sie sein Interesse. Schenken Sie ihm Vertrauen. Wecken Sie seine Wünsche. Verstärken Sie ein Bedürfnis. Verschaffen Sie sich so aktive Unterstützung.

Dale Carnegie, dessen Bücher Millionen Menschen aus allen sozialen Schichten beeinflussen, fasste dieses elementare Prinzip von Werbung und Verkauf prägnant in folgendem Satz zusammen: »*Erwecken Sie im Anderen ein starkes Bedürfnis.*«

Die Rolle des Sendboten

Ein regelmäßiger Sendbote (auch: *»Newsletter«*) ist für einen Verein wie die Schlaraffia von großer Bedeutung. Er kann dazu beitragen, die Mitglieder auf dem Laufenden zu halten und die Gemeinschaft innerhalb des Vereins zu stärken. Beispiele für die angewendeten Informationen sind u.a. der *Artusbote* der Oenipontana (30), die *Moguntia Gazette* (45) und das *Rosenblatt* (339), um nur zwei zu nennen.

Dies sind einige der Vorteile eines regelmäßigen Newsletters:

1.   Information: Der Sendbote ermöglicht es dem Verein, wichtige Informationen und Neuigkeiten mit den Mitgliedern zu teilen. Dazu können beispielsweise Informationen über bevorstehende Veranstaltungen, Berichte über vergangene Veranstaltungen, Neuigkeiten über den Verein und Mitglieder sowie Ankündigungen und andere wichtige Informationen gehören.

2.   Kommunikation: Ein Sendbote bietet den Mitgliedern die Möglichkeit, miteinander in Kontakt zu treten und sich auszutauschen. Der Newsletter kann beispielsweise eine Rubrik haben, in der Mitglieder ihre Erfahrungen oder Meinungen teilen können. Dies kann dazu beitragen, das Zusammengehörigkeitsgefühl innerhalb des Vereins zu stärken.

3.   Bindung: Ein Sendbote kann dazu beitragen, die Bindung der Mitglieder an den Verein zu stärken, indem er sie regelmäßig mit dem Verein und seinen Aktivitäten in Kontakt bringt. Wenn Mitglieder regelmäßig über die Aktivitäten des Vereins informiert werden, fühlen sie sich stärker mit dem Verein verbunden.

4.   Werbung: Ein Sendbote kann auch dazu beitragen, den Verein zu bewerben und neue Mitglieder zu gewinnen. Wenn ein Newsletter interessante und ansprechende Informationen enthält, können Mitglieder ihn an Freunde und Familienmitglieder weiter-

leiten, die möglicherweise am Verein interessiert sind.

Insgesamt ist ein regelmäßiger Sendbote eine wichtige und effektive Möglichkeit, die Mitglieder auf dem Laufenden zu halten und die Gemeinschaft innerhalb eines Vereins wie der Schlaraffia zu stärken.

Es gibt zahlreiche Software-Optionen für Sendboten, die sich für einen Verein eignen. *Mailchimp* ist eine beliebte und benutzerfreundliche E-Mail-Marketing-Plattform. Sie bietet verschiedene Vorlagen für Designs, eine einfache Bedienoberfläche und die Möglichkeit, Listen von E-Mail-Adressen zu verwalten.

Mailchimp ist erhältlich in einer kostenlosen Version mit begrenzten Funktionen bis 1.000 Adressen. Erst danach wird es kostenpflichtig. Diese Leistungsgrenze dürfte für jedes Schlaraffenreych vollauf genügen.

Gruppenkontakt per Messenger

Ein *Messenger* ist eine Kommunikationsan-
wendung oder -plattform, die es Benutzern
ermöglicht, Textnachrichten, Sprachnach-
richten, Bilder, Videos und andere Dateien
direkt an andere Benutzer zu senden. Dieser
Dienst funktioniert über das Internet und wird
über eine mobile App oder eine Webanwen-
dung angewendet.

Ein Messenger ermöglicht es Benutzern, in
Echtzeit zu kommunizieren. Das bedeutet,
dass Nachrichten sofort empfangen und ge-
lesen werden können. Es gibt verschiedene
Arten von Messenger-Diensten, die für unterschiedliche Zwecke verwendet werden
können, wie beispielsweise private oder
berufliche Kommunikation, Gruppenkommu-
nikation, Kundensupport und mehr.

Zu den bekannten Messenger-Diensten ge-
hören *WhatsApp, Facebook Messenger,
Telegram, Signal, WeChat* und viele mehr.
Diese Dienste bieten oft auch zusätzliche

Funktionen wie Sprach- und Videoanrufe, Gruppenchats, Emojis und Sticker, Dateifreigabe, Verschlüsselung und vieles mehr.

Insgesamt ist ein Messenger eine einfache, schnelle und effektive Möglichkeit, um mit anderen Menschen in Kontakt zu treten und zu kommunizieren.

Der größte Messenger-Dienst im deutschsprachigen Raum ist *WhatsApp* mit rund 58 Millionen Nutzern in Deutschland, 7,4 Millionen Nutzern in Österreich und 4,4 Millionen Nutzern in der Schweiz. Er funktioniert ähnlich wie seine kleineren Geschwister *Signal* und *Telegram*.

Der größte Vorteil der Messenger ist die Möglichkeit, mit mehreren Personen gleichzeitig chatten und Dateien teilen zu können. Dies erhöht Effizienz sowie Geschwindigkeit und spart viel Zeit.

Für einen Verein wie die Schlaraffia bedeutet dies, alle Sassen des Reyches oder eine andere definierte Personengruppe mit einem

Schlag informieren bzw. alarmieren zu können. Es braucht keinen umständlichen E-Mail-Verkehr mehr. Das klassische Alarmsystem über Telefonketten wird damit ebenfalls hinfällig.

Gründung einer Messenger-Gruppe

Gruppen sind ein effektives Kommunikationsmittel, um mit mehreren Menschen wie z.B. seinen Vereinsmitgliedern sekundenschnell gleichzeitig zu »sprechen«. Um eine derartige Gruppe zu gründen, sind grundlegende Schritte erforderlich, die hier am Beispiel einer *WhatsApp*-Gruppe beschrieben wird. Sie gelten ebenso für andere Messenger-Dienste wie *Signal* und *Telegram*.

1.   Öffnen Sie die *WhatsApp*-App und tippen Sie auf die Schaltfläche *»Neue Gruppe erstellen«*.

2.   Wählen Sie die Kontakte aus, die Sie zur Gruppe hinzufügen möchten. Sie können auch nach Kontakten suchen oder einen Gruppeneinladungslink erstellen, den Sie mit anderen teilen können, um sie zur Gruppe einzuladen.

3.   Geben Sie der Gruppe einen Namen und ein Gruppenbild, um sie zu personalisieren.

4.   Sie können nun Nachrichten, Fotos, Videos und Dateien in der Gruppe teilen, die alle Mitglieder der Gruppe sehen können.

5.   Wenn Sie eine Nachricht in der Gruppe senden, wird sie automatisch an alle Mitglieder der Gruppe gesendet. Sie können auch direkt auf eine bestimmte Nachricht antworten, indem Sie auf die Nachricht tippen und dann auf *»Antworten«* klicken.

6.   Sie können auch Funktionen wie Gruppenanrufe oder Gruppenumfragen nutzen, um mit den Mitgliedern der Gruppe zu interagieren.

Man sollte wissen, dass jeder in der Gruppe die Nachrichten und Dateien sehen kann, die in der Gruppe geteilt werden. Wer sensible Informationen teilen möchte, sollte dies in einer privaten Unterhaltung mit der betreffenden Person tun.

Messenger-Gruppen ermöglichen schnell und einfach, mit mehreren Personen gleichzeitig zu kommunizieren und Informationen zu teilen. Sie bieten Funktionen, um die Interaktion mit Mitgliedern einer definierten Gruppe zu erleichtern.

Kommunikation per Zoom

Unter den Anbietern von *Meeting-Software* hat sich im Laufe der Jahre *Zoom* als die am besten geeignete Plattform für den weltweiten Online-Kontakt herausgeschält. Es war naheliegend, dieses Tool zu nutzen, als in der Corona-Pandemie der Jahre 2020-2022 das übliche schlaraffische Vereinsleben nahezu vollständig zum Erliegen kam.

Zoom bietet viele Vorteile, insbesondere wenn es darum geht, virtuelle Meetings und Veranstaltungen abzuhalten.

1.   Virtuelle Treffen: Vereine können Mitglieder und Freiwillige über *Zoom* zusammenbringen, um Meetings abzuhalten oder Projekte zu diskutieren, ohne dass alle Teilnehmer an einem physischen Ort sein müssen.

2.   Kostenersparnis: *Zoom* bietet eine kosteneffektive Möglichkeit, um Meetings ab-

zuhalten, da keine Reisekosten oder Miet-
kosten für Veranstaltungsräume anfallen.

3. Flexibilität: *Zoom* ermöglicht es Vereinen, Meetings und Veranstaltungen zu planen und abzuhalten, die zu den Zeitplänen
der Mitglieder passen. So können beispielsweise auch Personen an Meetings teilnehmen, die normalerweise aufgrund von Entfernungen, Zeitbeschränkungen oder Krankheit nicht teilnehmen können.

4. Aufzeichnung von Meetings: *Zoom*
schafft die Möglichkeit, Meetings und Veranstaltungen aufzuzeichnen, was besonders
nützlich ist, wenn Mitglieder nicht anwesend
sein können. Die Aufzeichnungen können
später angesehen werden, um die Diskus-
sionen und Entscheidungen zu verfolgen.

5. Interaktive Funktionen: *Zoom* bietet
interaktive Funktionen wie Chats, Umfragen
und Abstimmungen, die helfen können, Meetings und Veranstaltungen interessanter und
engagierter zu gestalten.

6. Sicherheit: *Zoom* bietet Sicherheits-funktionen wie Passwörter und Warteräume, um sicherzustellen, dass nur autorisierte Teilnehmer an Meetings teilnehmen.

In der kostenlosen Version von Zoom können bis zu 100 Personen an einem Meeting teilnehmen, das maximal 40 Minuten dauern darf. Ist die Zeit um, wird das Meeting automatisch aufgelöst. Diese Frist ist für Online-Sitzungen ungenügend.

Wer mit seinen Meetings zeitlich auf der sicheren Seite sein möchte, kann sich mit einem Abo eine unbegrenzte Meetingdauer sichern. Die kleinste Version ist für Vereine ausreichend. Sie bietet die Möglichkeit, unbegrenzt viele Video-Konferenzen beliebiger Länge mit bis zu 100 Teilnehmern durchzuführen. Die jährlichen Kosten für eine Pro-Lizenz betragen derzeit € 139,90 jährlich.

Mit der Pro-Lizenz besteht die Möglichkeit der Bild- und Ton-Aufzeichnung der gesamten Konferenz. Eine Aufzeichnung setzt das

Einverständnis aller Teilnehmer voraus. Sinn-vollerweise wird es vorher abgefragt, um späteren Stress zu vermeiden. Widerspricht ein Teilnehmer der Aufzeichnung, kann er sein Video ausschalten und ist damit nur noch als Avatar sichtbar.

Eine heimliche Aufzeichnung mit Zoom ist unmöglich, da die Aufzeichnung für jeder-mann sichtbar angezeigt wird. Unabhängig davon könnte ein Bildschirmmitschnitt mit ex-ternen Programmen erfolgen, dies wäre für den Teilnehmer nicht feststellbar.

Gleichzeitig lassen sich bis 48 Teilnehmer auf einem Bildschirm in Briefmarkengröße darstellen, darüber hinaus wird dann das Verschieben des jeweiligen Bildschirms erforderlich. Es besteht die Möglichkeit, dass der jeweilige Sprecher bildschirmfüllend groß geschaltet wird. Dies bietet sich bei Diskus-sionen an.

Bei größeren Gruppen empfiehlt es sich, dem Moderator einen Assistenten/Regisseur zur Seite zu stellen, der die Teilnehmer einlässt, Wortmeldungen verwaltet, die Bildschirmfreigabe veranlasst und eine Stummschaltung vornimmt, wenn Musikdarbietungen erfolgen oder Nebengeräusche die Aufmerksamkeit stören.

Erfolgt der Einlass in eine Zoom-Sitzung über den Warteraum ist ein Passwort entbehrlich. Der Regisseur sieht, wer sich im Warteraum befindet und entscheidet darüber, die Person einzulassen. Er hat ebenso jederzeit die Möglichkeit, eine Person wieder aus dem Meeting zu entfernen. Diese Vorgehensweise ist als Absicherung optimal. Die Veröffentlichung eines Passwortes ermöglicht im Gegenteil jedem, der es kennt, den sofortigen Einstieg in die Veranstaltung. Irrläufer müssten dann später händisch entfernt werden. Darum ist der Weg über den Warteraum auf jeden Fall der effektivste.

Das bedeutet: Einfacher ist, eine Meeting-ID (Raumnummer) OHNE Passwort zu veröffentlichen.

Aether-Krystallinen

In den Jahren der Pandemie 2020-2022 fielen im gesamten UHUversum etwa 14.500 Sippungen aus Gründen des Infektionsschutzes aus.

Nach kurzer Zeit wurde vielen Schlaraffen klar: Wer den Kopf in den Sand steckt und sich nicht rührt, würde das Spiel und letztlich viele Freunde verlieren. Es musste etwas getan werden.

Unabhängig voneinander entwickelten einzelne Schlaraffen Wege, über die modernen Medien die Freundschaft zu halten während der Zeit, in der man sich nicht physisch treffen konnte.

Eine der ersten Online-Krystallinen hieß *»Il Silicio«* und wurde von der Moguntia (45) veranstaltet. Das Reych Erforda (109) bot ab 24. März 2020 virtuelle Treffen an. Sassen der Lietzowia (175) installierten erstmals am 26. März 2020 eine *Uhuversale Aether-*

krystalline und boten daraufhin im festen wöchentlichen Rhythmus virtuelle Treffen.

Während der Pandemie wurden nach Berechnungen von Rt Excel-sius (209) etwa 2.500 Krystallinen von 71 verschiedenen Reychen des UHUversums weltweit angeboten. Die virtuellen Treffen wurden ganzjährig und durchgehend auch in der Sommerung durchgeführt. Wer wollte, konnte ganzjährig Montag bis Sonntag Freunde virtuell begrüßen.

In manchen dieser virtuellen Krystallinen waren über 60 Teilnehmer am Bildschirm zu verzeichnen. Im Mittel waren und sind es etwa 25 Teilnehmer.

Aether-Krystallinen waren das probate Mittel, um die Schlaraffen und ihre Reyche auch über die Pandemie hinweg vor dem Untergang zu bewahren. Die Aether-Kristallinen ermöglichten und kräftigen auch die internationalen Freundschaftsbande.
Praktische Anwendungen sind die *Zoom*-Zusammenkünfte *»Südhalbkugelkrystalline«*

sowie der *»Brückenschlag über die Kontinente«*.

Ob *Aether-Krystallinen* oder *Online-Vippun-
gen*: Diese Veranstaltungen finden über geeignete Meeting-Software (Zoom & Co) im virtuellen Raum statt und unterliegen nicht
Spiegel & Ceremoniale. Sie können schon
aus dem Grund nicht dagegen verstoßen,
weil die Gründungsritter 1859 keine Elektri-
zität kannten, diese wurde erst 30 Jahre
nach Gründung des Bundes schrittweise flä-
chendeckend eingeführt.

Die Teilnahme an derartigen Online-Veranstaltungen ist freiwillig und unterliegt keinerlei
Pflichten. Man kann daran teilnehmen, muss
es aber nicht. Es handelt sich bei derartigen
Online-Veranstaltungen nicht um Sippungen.

Freundschaft im digitalen Raum

Viele Schlaraffen lernten sich ungeachtet teilweise großer räumlicher Entfernungen am Bildschirm im Rahmen der virtuell durchgeführten Krystallinen kennen und schätzen. Mit teilweise hochkarätigen Text- und Musikbeiträgen unterhielten sie sich gegenseitig. Es wurden Filme eingespielt und eigens erarbeitete künstlerische Beiträge vorgestellt. Die Aether-Krystallinen machten erstmals sichtbar, welche enormen Talente in der Schlaraffia schlummern.

Einig waren sich die Veranstalter, dass virtuelle Krystallinen keine Sippungen ersetzen können, jedoch großartige Möglichkeiten der Kommunikation und der Pflege des schlaraffischen Gedankens und Brauchtums auch in schwierigen Zeiten bieten. Die Online-Aktivitäten führten allerdings auch zu Zerwürfnissen in einigen Reychen und gipfelten in dem Bemühen einzelner Hardliner, die Neuerer zu diskreditieren und kaltzustellen.

Organisiert wurden die Zusammenkünfte durch intensiven E-Mail-Verkehr, den die Teilnehmer untereinander pflegten, also durch den Einsatz digitaler Medien.

Koordiniert und weitergegeben wurden die Termine und Einwahldaten der Aether-Krystallinen mittels Excel-Listen und PDFs durch Jk Kurt aus der Erforda (109), der später folgerichtig zum Rt Excel-sius geschlagen wurde.

Es wurden durch die Aether-Krystallinen viele neue Freundschaften über alle Kontinente hinweg geknüpft und bestehende Freundschaften gefestigt. Freunde, die man aufgrund der Entfernungen und den damit verbundenen hohen Reiseaufwendungen lange nicht treffen konnte, besuchte man künftig in deren Wohnzimmer. Die Möglichkeit des Online-Treffens öffnete ein Fenster in die farbenprächtige Welt der Schlaraffen.

Der Gedankenaustausch über das Internet veranschaulichte erstmals, dass nahezu alle Reyche ähnliche Probleme haben, und es überall vereinzelte Aktivisten gibt, die sich eine aktive, zeitgemäße Schlaraffia wünschen und bereit sind, dafür zu streiten. Im Ergebnis führte dies zum Zusammenschluss der Netzritter.

Eine besondere Aufgabe kam der Betreuung der ältesten Sassen zu, die keine Erfahrung im Umgang mit den neuen Medien hatten. In Hausbesuchen und individuellen Trainings wurden sie angeleitet und konnten bald aktiv mit dabei sein.

Teilnehmer wie wld Rt Xyl-O-Peer (419) bestellte sich mit über 90 Jahren ein *iPhone* und ein *iPad*, um künftig täglich online Freunde zu treffen. Alle Teilnehmer an den Aether-Krystallinen bezeugen, dass niemand zu alt ist für den Umgang mit neuen Medien. Allein der Wille entscheidet.

Rt Xyl-O-Peer wusste genau, dass der Bund der Schlaraffen verloren ist, wenn kein Anschluss an junge Menschen und zeitgemäße Medien gefunden wird, und setze mit seiner Persönlichkeit Zeichen.

Das digitale Gedächtnis

Seit Anbeginn der Pandemie wurden viele Krystallinen aufgezeichnet. Diese Aufzeichnungen stehen der 2022 vom ASR sanktionierten, digitalen Bibliothek der Schlaraffia – einem digitalen Geschichtsbuch – zur Verfügung. Dieses allschlaraffische digitale Reychsarchiv bietet eine Fundgrube für die Forschung. Seine Dokumente erinnern in Ton und Bild an Sassen, die inzwischen gen Ahall geritten sind. Es ist im Netz erreichbar unter www.reychsarchiv.org

Mit dem digitalen Reychsarchiv wurde jedes vorhandene Dokument mit schlaraffischem Bezug und archivarischem Wert aus dem Internet allgemein zwischengespeichert, digital nachbearbeitet und insbesondere durch neuere Methoden der Texterkennung durchsuchbar gemacht. Eine Volltextindizierung über alle Dokumente rundet die Sache ab.

So entstand innerhalb kürzester Zeit ein Index über ca. 3.000 Dokumente sowie 31.000.000 Schlagworte.

Im Index kann nach ganzen Worten oder Wortfragmenten gesucht werden. Damit ist ein erhebliches Einsparpotential bei der Recherchearbeit geschaffen worden.

Zielsetzung eines jeden Archives ist natürlich die Sammlung von Informationen und deren Sicherung für die Nachwelt. Geschichte ist unwiderbringlich und papierene Dokumente sind irgendwann in der Haltbarkeit begenzt. Je älter die historischen Papiere sind, desto anfälliger sind sie für Beschädigungen; ganz abgesehen von der Tatsache, dass sie eben im Original auch anderen Gefahren (Feuer, Wasser, ...) ausgesetzt sind und ein Verlust Lücken hinterließe, die nicht so schnell ge-schlossen werden können.

Das Reychsarchiv ist demnach auch das digitale Gedächtnis der Schlaraffia. Durch ein ausgeklügeltes Sicherungssystem werden alle Unterlagen mehrfach täglich als Kopie gesichert, die Kopien in wöchentlichen und monatlichen Archiven noch einmal gesondert abgespeichert. Dies soll den erforderlichen Schutz vor Verlust bieten.

Live-Sippungen per Zoom

Bei einer *Sippung mit Live-Übertragung* wird eine Präsenz-Sippung zusätzlich für einen definierten Benutzerkreis per Zoom im Internet übertragen. Es handelt sich um eine Erweiterung der gegebenen Handlungsoptionen.

Es besteht die Möglichkeit, eine analoge Sippung in einer realen Burg zusätzlich live auszustrahlen für diejenigen, die nicht kommen können (Krankheit, Urlaub, Beruf) oder nicht kommen wollen (Streit, Mundgeruch, Fäulnis) und sich trotzdem dem Reych verbunden fühlen und am Sippungsgeschehen teilhaben wollen.

Als weitere Gruppe kommen Sassen dazu, die aufgrund von Entfernungen nicht realiter einreiten können, aber trotzdem eine innere Verbundenheit zu dem entsprechenden Reych empfinden.

Eine derartige Veranstaltung wird *»Sippung mit Live-Übertragung«*, oder kürzer auch *»Live-Sippung«*, genannt.

Rt Logis (359) Landesvater des Landesverbandes Helvetica spricht sich in der Schlaraffenzeitung DSZ 01/2023 positiv für eine solche Idee aus: *»Was sicherlich möglich sein kann und durchaus in Erwägung gezogen werden sollte, sind Sippungen, die auch per Video übertragen werden können. Hier denke ich vor allem an bresthafte Sassen oder diejenigen, die einen weiten und beschwerlichen Weg von der Heimburg bis zum Reych zurücklegen müssen. Klar ist, dass dies natürlich die Anwesenheit bei einer Sippung nicht ersetzen kann. Aber es gibt bereits genügend Beispiele, wo durchaus unter Beizug von neuen Techniken das Leben und die Zugehörigkeit erleichtert werden kann.«*

Für bresthafte Sassen und solche, die ihre Heimburg nicht mehr verlassen können, eröffnet sich hier ein qualitativ neuer, intensiver Kontakt zu ihrem Reych, der sonst unmöglich wäre. Aber auch Sassen weit entlegener Reyche gewinnen dadurch die Möglichkeit, am schlaraffischen Geschehen stärker teilzuhaben. Dies bindet die Schlaraffen über die Grenzen des eigenen Vereins bzw. Reyches hinweg und erfreut auch diejenigen, die in ihrem Reych sippen, denn es besteht nicht nur die Möglichkeit, stumm zuzuhören, sondern auch online zu fechsen.

Das Reych Lietzowia (175) strahlte am 8. und 15. Oktober 2020 zwei Sippungen live aus. Das Reych Graetz an der Mur (378) veranstaltete während der Corona-Zeit eine Online-Sippung. Die Barcinonensia (366) machte positive Erfahrungen mit einer Live-Sippung. Die Filadelifa (128) strahlte am 14. Januar 2023 den 43. Glockenkongress online aus und bot damit Teilnehmern aus Europa die Möglichkeit einer Teilnahme an Sippung und Turney.

Virtuelle Duelle wurden veranstaltet, am 8. Dezember 2021 wurde Junker Ed in der Wahingtonia online zum Ritter Schwachstrom geschlagen. Am 10.10.2020 war zuvor die Reychserhebung der Colonie Gloria Victoria (429) in Anwesenheit von Allschlaraffenräten (ASR) im virtuellen Raum gegründet worden.

Einer besonderen Herausforderung stellte sich das Reych Lietzowia (175), als sie am 9. März 2023 ihre Sippung per Zoom live streamte und dabei eine Junkerprüfung über den Bildschirm vornahm. Der Prüfling war schwer krank und hatte keine andere Chance, als virtuell an Sippung und Prüfung teilzunehmen und seine Ritterarbeit über die Fechswand dem Reych vorzutragen.

Der Vorgang war technisch aufwändig, aber leistbar. Nach kurzer Zeit hatten die anwesenden Sassen vergessen, dass hinter dem Bildschirm keine real anwesende Person saß, sondern ein lieber Freund, der technisch zugeschaltet worden war. Und wer das glückliche Gesicht des Prüflings sah, der mitsang und labte, der wird kaum noch einen Gedanken darauf verschwenden, über ein Verbot von Ausstrahlungen von Veranstaltungen aller Art an einen definierten Benutzerkreis reden zu wollen.

Erforderlich für den Kontakt zur Außenwelt ist ein Netzwart (Regisseur), der die Schaltung koordiniert, die Teilnehmer aus dem virtuellen Warteraum kontrolliert einlässt, Wortmeldungen übermittelt und die Bildschirmfreigabe verwaltet. Er kontrolliert den Einlass und gewährleistet, dass nur Teilnehmer eingelassen werden, die auch geladen bzw. zur Teilnahme berechtigt sind. Er ist Regisseur der Live-Schaltung.

Im Vademekum könnte ein Asterix hinter die entsprechenden Termine gesetzt werden, unten wird dann erklärt, dass diese oder jene Sippung zusätzlich übertragen wird unter Angabe der Meeting-ID (Raumnummer). Es wird ausdrücklich kein Passwort vergeben, das führt zur Möglichkeit des unkontrollierten Beitritts zur Ausstrahlung. Vielmehr gelangt jeder Interessent in den Wartebereich und wird individuell durch den Regisseur eingelassen, nachdem er sich namentlich als Schlaraffe identifiziert hat.

Technische Voraussetzung ist ein WLAN in der jeweiligen Burg, ein Zoom-Account, Kamera und Mikro zur Übertragung. Das reicht aus, um nicht persönlich Anwesende am Geschehen teilhaben zu lassen.

Soll darüber hinaus die Möglichkeit geschaffen werden, dass die sippenden Sassen ihre virtuellen Gäste auch sehen können, wird eine entsprechend große Fechswand (Monitor) benötigt. Schon damit füllt sich die Burg automatisch mit mehr Teilnehmern.

Soll schließlich den Live-Gästen die Gelegenheit gegeben werden, etwas beizutragen, beispielsweise zu fechsen, ist Regiearbeit vonnöten, um Wortmeldungen an den Fungierenden zu übermitteln und die entsprechenden Sprecher vollformatig einzublenden.

Die Ausstrahlung von Sippungen im Aether gilt als eine der aktuell großen Hürden bei der Digitalisierung der Schlaraffia. Aus Furcht, Sassen würden lieber vor dem Fernseher sippen, statt »analog« in die Reyche einzureiten, wird die Ausstrahlung mit

Zähnen und Klauen abgelehnt. Mit dieser Unterstellung, die eigentlich wenig Vertrauen in die Strahlkraft von Sippungen belegt, wird versucht, die technische Entwicklung zu bremsen. Sinnvoll und vorwärtsgewandt wäre, alles technisch Mögliche zu nutzen und zu erkunden, um dann eventuell technische Riegel einzubauen, die ein sinnvolles Miteinander von analogen Veranstaltungen vor Ort und ihrer Übertragung in den virtuellen Raum zu gewährleisten.

Der Nutzen einer Fechswand

Sinnvolle Voraussetzung für eine Live-Sippung ist ein großer Monitor, schlaraffisch *»Fechswand«*, auf dem die Online-Teilnehmer für jedermann im Raum sichtbar und hörbar sind. Im Reych Filadelfia (128) wird eine solche Fechswand seit über zehn Jahren genutzt. Die Lietzowia (175) hat sich 2023 entschlossen, eine Fechswand mit Internetanschluss zu installieren.

Eine derartige Fechswand dient der Erweiterung des schlaraffischen Spieles auch insofern, als dort ohne Beamer und Leinwand von jedem Sassen Diavorträge, gehalten und eigenständige schlaraffische Kurzfilme gezeigt werden können. Es besteht über die Fechswand die Möglichkeit, Liedtexte zu projizieren. Damit entfallen Leseprobleme der kleinen Druckschrift in den Klangbüchern.

Unter dem Begriff Kunst wird nicht nur Literatur, Wortbeiträge und Musik verstanden, sondern auch Malerei und Bildende Kunst. Beide sind endlich mittels einer Fechswand auch in Schlaraffia präsentierbar. Man darf sich nicht nur über Fechsungen über Malerei freuen, sondern vielleicht sogar in Echtzeit einem Karikaturisten, wie z.B. dem Rt Mir egal aus dem Reych Augusta Trevirorum, beim Fertigen einer Karikatur zuzuschauen.

Die Möglichkeiten des Einsatzes einer Fechswand sind praktisch unbegrenzt.

Dank einer Fechswand entsteht innerhalb kürzester Zeit ein enge Verschmelzung von innen und aussen. Die real anwesenden Sassen erleben ihre virtuellen Gäste ganz natürlich, als ob sie vor Ort auf der Rostra stünden und sprechen.

Tests ergaben, dass selbst skeptische Sassen nach ein paar Minuten vergaßen, dass die Gäste vielleicht 6.000 km entfernt waren. Sie reagierten sogar einhellig begeistert, wie beispielsweise bei der Junkerprüfung der Lietzowia ein schwerkranker Sassen vom Schulrat befragt wurde, das war im wahrsten

Sinne des Wortes großes Kino, und alle, die das erleben durften, waren beeindruckt.

Social Media

Eine *Social-Media*-Plattform ist eine Plattform im Internet, auf der Benutzer Inhalte erstellen, teilen und miteinander interagieren
können. Diese Plattformen ermöglichen es
Benutzern, Informationen, Bilder, Videos,
Nachrichten und andere Arten von Medien-
inhalten mit anderen Benutzern auf der Plattform zu teilen.

Social-Media-Plattformen bieten in der Regel
verschiedene Funktionen zur Interaktion zwischen Benutzern, wie das Liken, Kommentieren oder Teilen von Inhalten

Die drei größten Social-Media-Plattformen im
deutschsprachigen Raum nach Anzahl der
Nutzer sind:

1.   Facebook - mit rund 31,9 Millionen
Nutzern in Deutschland, 4,4 Millionen Nutzern in Österreich und 3,9 Millionen Nutzern
in der Schweiz.

2.   YouTube - mit rund 43 Millionen Nutzern in Deutschland, 7,2 Millionen Nutzern in Österreich und 4,4 Millionen Nutzern in der Schweiz.

3.   Instagram - mit rund 22,4 Millionen Nutzern in Deutschland, 2,8 Millionen Nutzern in Österreich und 2,2 Millionen Nutzern in der Schweiz.

Jede dieser Plattformen ist eigen und hat entsprechende Zielgruppen, die allerdings auch variiert.

Allerdings gewinnen auch andere Plattformen wie *TikTok, Twitch, Snapchat* und *Clubhouse* zunehmend an Beliebtheit, insbesondere bei jüngeren Zielgruppen. Letztendlich hängt die Wahl der geeigneten Social-Media-Plattform jedoch von den spezifischen Zielen, der Zielgruppe und der Art des Inhalts ab, den eine Einzelperson oder eine Organisation wie die Schlaraffia teilen möchte.

Dabei entwickelt sich *TikTok*, das vom chinesischen Unternehmen *ByteDance* betrieben wird und in der Volksrepublik China unter dem Namen *Douyin* läuft, zu einem Publikumsliebling der jüngeren Generation. Die Nutzung der App ist aus Sicht von Experten problematisch, weil unkontrolliert viele Daten der Nutzer gesammelt werden und eine übermäßige Nutzung zu massivem Suchtverhalten führt.

Letzteres gilt natürlich für alle Apps und den gesamten Bereich Social Media, weil dort ein Belohnungssystem mit virtueller Anerkennung betrieben wird.

Facebook

Facebook ist eine Netzwerkplattform, die es Benutzern ermöglicht, sich online mit Freunden, Familie und anderen Personen auf der ganzen Welt zu vernetzen. *Facebook* wurde im Jahr 2004 gegründet und hat seitdem stark an Popularität gewonnen.

Die Plattform bietet eine Vielzahl von Funktionen, einschließlich der Möglichkeit, Profile zu erstellen, Freundschaftsanfragen zu senden und zu akzeptieren, Beiträge und Fotos zu teilen, Veranstaltungen zu erstellen und daran teilzunehmen, Gruppen beizutreten oder zu erstellen, und vieles mehr. *Facebook* wird genutzt, um Neuigkeiten auszutauschen, Fotos zu teilen, Geschäfte zu bewerben und in Kontakt mit Freunden und Familie zu bleiben.

Laut *Statista* hatte *Facebook* im Januar 2022 rund 31,9 Millionen Nutzer in Deutschland. Dies entspricht etwa 38,2 Prozent der Gesamtbevölkerung in Deutschland. Facebook ist somit eine der am weitesten verbreiteten Social-Media-Plattformen in Deutschland.

Die geschlossene Gruppe *»Schlaraffenforum«* auf *Facebook* wurde am 17. März 2011 erstellt. Rt Tze-Tze von den Apfelwiesen (42) und Rt Aduris der Vielbesaitete (369) betreuen als Admins (Administratoren) die Beiträge der insgesamt 1.136 Mitglieder. Ihnen ist zu verdanken, dass inzwischen ein offenes und repressionsfreies Klima im Forum herrscht und Mitglieder sich ohne Angst vor interner Zensur äußern.

Mitglieder im Forum können nur Schlaraffen, frühestens nach erfolgter Kugelung sein. Der Internet(te)-Schlaraffen-Treffpunkt bietet neueste Nachrichten und Informationen rund um das Spiel; er ist virtuelle Begegnungsstätte, dient dem freien Meinungsaustausch und der offenen Unterhaltung miteinander. Persönliche Angriffe oder Beleidigungen werden genauso wie politische Statements oder kommerzielle Werbung von den Admins gelöscht.

Eine wesentliche Voraussetzung ist die Verwendung des »Klarnamens« oder des »Schlaraffennamens«. Mindestens einer dieser Erkennungszeichen muss im Profil des Beitrittssuchenden klar erkennbar sein.

Über das Schlaraffenforum hinaus gibt es einzelne Schlaraffenreyche, die *Facebook* mit eigenen Seiten und Gruppen nutzen. Dazu zählen die Reyche Am Stauffen (268), Elberfeldensis (34), Basilea (25), Crefeldensis (191), Potsdamia (111), Ravensbergia (120) Erforda (109) sowie der Landesverband Nordamerika (LVNA).

Es findet sich weiter als Info-Seite das Informationsangebot *»Schlaraffen-Freunde«* auf Facebook. Diese Seite steht seit 4. Oktober 2017 ohne Impressum oder nähere Beschreibung online.

Instagram

Instagram ist eine Social-Media-Plattform, die es Benutzern ermöglicht, Fotos und Videos zu teilen, zu bearbeiten und mit anderen Personen auf der Plattform zu interagieren. Die Plattform wurde 2010 gegründet und hat seitdem an Popularität gewonnen, insbesondere bei jüngeren Generationen.

Benutzer können ihre Fotos und Videos mit verschiedenen Filtern und Bearbeitungstools verschönern, bevor sie sie auf ihre Profile hochladen. Andere Benutzer können diese Beiträge sehen, kommentieren und liken, und Benutzer können auch die Beiträge anderer Benutzer sehen und mit ihnen interagieren, indem sie ihnen folgen.

Instagram bietet auch verschiedene Funktionen, wie z.B. Storys, Reels und *IGTV*, die es Benutzern ermöglichen, kurze Videos oder Foto-Collagen zu erstellen und auf ihrer Profilseite zu teilen. Außerdem können Benutzer ihre Beiträge mit Hashtags versehen, um sie anderen Benutzern zugänglich zu machen, die nach ähnlichen Inhalten suchen.

Reels sind kurze, 15 bis 30 Sekunden lange Videos, die mit Musik und verschiedenen Effekten wie Filtern, Texten und Animationen erstellt werden können. Diese Funktion wurde entwickelt, um eine Art Wettbewerb mit der beliebten App *TikTok* zu schaffen und Instagram-Nutzern eine neue Möglichkeit zu bieten, kreative und unterhaltsame Inhalte zu teilen. Reels können in der Reels-Register-karte des *Instagram*-Profils gefunden werden.

IGTV steht für Instagram TV und ist eine Funktion, die es Nutzern ermöglicht, längere Videos (bis zu einer Stunde) hochzuladen und anzusehen. IGTV ist eine separate App, die in die *Instagram*-App integriert ist. Es ist eine Plattform für Inhalte von höherer Qualität wie Webserien, Dokumentationen oder andere längere Videoinhalte. IGTV-Videos können in der IGTV-Registerkarte des *Insta-gram*-Profils gefunden werden. 2021 entfielen 78 Prozent des gesamten Traffics mit mobilen Daten auf mobile Videos.

Instagram wird von Privatpersonen, aber auch von Unternehmen, Influencern und Organisationen genutzt, um ihre Marke, Produkte oder Dienstleistungen zu bewerben und mit ihrer Zielgruppe in Kontakt zu treten. Insgesamt ist *Instagram* eine visuelle Plattform, die es Benutzern ermöglicht, ihre Kreativität auszudrücken und sich mit anderen Personen auf der ganzen Welt zu vernetzen.

Laut *Statista* hatte Instagram im Januar 2022 rund 22,4 Millionen Nutzer in Deutschland. Dies entspricht etwa 26,7 Prozent der Gesamtbevölkerung in Deutschland. Instagram hat in den letzten Jahren stark an Beliebtheit bei jüngeren Zielgruppen gewonnen.

Vertreten sind bislang wenige schlaraffische Vereine wie die Colonie zu den drei Gleychen (432), Moguntia (45), Oenipontana (30), Trutze Achalm (338). Einige Schlaraffen betreiben persönliche Accounts.

Internet-Radio/Podcast

Ein *Podcast* ist eine digitale Audio- oder Videodatei, die möglichst regelmäßig veröffentlicht wird und auf Abruf heruntergeladen, gestreamt oder geteilt werden kann. Es handelt sich um ein Radioprogramm, das über das Internet ausgestrahlt wird und von jedem Interessenten kostenfrei gehört werden kann.

Ein *Podcast* kann für die Schlaraffia auf verschiedene Arten genutzt werden:

1. Mitgliederbindung: Ein *Podcast* kann dazu beitragen, die Mitgliederbindung zu stärken, indem er den Mitgliedern eine weitere Möglichkeit bietet, mit dem Verein in Kontakt zu treten und sich über die Aktivitäten des Vereins zu informieren. Ein *Podcast* kann regelmäßig veröffentlicht werden und Mitglieder können ihn jederzeit und überall anhören.

2. Bekanntheit steigern: Ein *Podcast* kann dazu beitragen, die Bekanntheit des

Vereins zu steigern, indem er potenziellen Mitgliedern und anderen Interessenten Einblicke in die Aktivitäten und Ziele des Vereins gibt. Der *Podcast* kann auch als Marketinginstrument eingesetzt werden, um den Verein bekannter zu machen.

3. Wissensvermittlung: Ein *Podcast* kann als Bildungs- oder Informationsquelle genutzt werden, indem er Mitglieder und andere Hörer über verschiedene Themen im Zusammenhang mit dem Verein informiert. Dies kann z.B. aktuelle Veranstaltungen, Neuigkeiten oder historische Hintergründe umfassen.

4. Gastredner einladen: Ein Verein kann auch Gastredner zu einem Podcast einladen, um über ein bestimmtes Thema oder Ereignis zu sprechen. Dies kann dazu beitragen, die Vielfalt des *Podcasts* zu erhöhen und den Hörern unterschiedliche Perspektiven und Einsichten zu bieten.

5. Zusätzliche Einnahmen generieren: Ein Verein kann auch versuchen, zusätzliche

Einnahmen durch den *Podcast* zu generieren, indem er Sponsoren gewinnt oder Werbung in den Podcast integriert.

Insgesamt bietet ein *Podcast* für einen Verein viele Möglichkeiten, die Mitgliederbindung zu stärken, die Bekanntheit zu erhöhen und wertvolle Informationen und Unterhaltung zu bieten. Ein Verein kann einen *Podcast* nutzen, um seine Ziele und Mission zu fördern und seine Botschaft an eine breitere Öffentlichkeit zu verbreiten.

Podcasts könnten insbesondere für Neulinge in der Schlaraffia (Prüflinge und Knappen) sinnvoll und hilfreich. Erläutert werden könnte zum Beispiel wie ein Ritterschlag, eine Knappenprüfung, ein Duell oder eine Reychsfehde abläuft.

UHU-Radio

Auf Wunsch des ASR-Vorsitzenden Rt Favorito, einen *Podcast* für die Schlaraffia einzurichten, richtete Jk Ruprecht (175) – später Rt Prinz Rupi – im Dezember 2020 den digitalen Sender *»UHU-Radio«* ein.

UHU-Radio bietet Fechsungen, die Schlaraffen mehrheitlich selbst einlesen. Inzwischen sind Audiodateien von mehr als einhundert Schlaraffen kostenfrei und überall verfügbar.

Erstellt wird UHU-Radio mit *Anchor,* der Podcasting-Plattform von *Spotify.* Die Beiträge sind über *Anchor, Spotify, Apple Podcasts, Google Podcasts, Overcast, Amazon Music, iHeartRadio, Castbox, Pocket Casts, RadioPublic, Radio.net* und auf vielen anderen Portalen zu hören.

Per 01.03.2023 hatten 3.743 Hörer auf UHU-Radio zugegriffen.

Empfang über: https://podcasters.spotify.com/pod/show/uhu-radio

Einen weiteren Versuch, ein Schlaraffen-Radio ins Leben zu rufen, startete Jk Cornelius aus der Trutze Achalm (338) in Reutlingen.

Unter dem Titel *»r AHA di OHO«* liefert das Webradio Musik, die von Schlaraffen stammt. Gespielt werden ausschließlich musikalische Werke, die mit schlaraffischer Beteiligung entstanden sind. Sowie Musik, die im engen Bezug zu Schlaraffia steht.

Es gibt eine moderierte Wochensendung, die immer zum Montag neu zusammengestellt wird und auf die nächsten sieben Tage Bezug nimmt. Diese Sendung läuft täglich ab 20 Uhr, inkl Samstag und Sonntag. Diese Sendung soll an eine Sippung erinnern, sie aber in keiner Form ersetzen.

Empfang über: www.laut.fm/r-aha-di-oho

Internet-Fernsehen

Der selbst gestaltete Auftritt im Fernsehen bietet für einen Verein viele Vorteile. Die derzeit beste und wirkmächtigste Plattform für einen derartigen Auftritt ist *YouTube*.

YouTube ist eine Video-Plattform und gehört zum Unternehmen *Google*. Laut einer Studie von *Statista* aus dem Jahr 2021 nutzen in Deutschland etwa 86 Prozent der Internetnutzer *YouTube*. Im deutschsprachigen Raum gibt es auch viele *YouTuber*, die Inhalte auf der Plattform veröffentlichen und eine große Anzahl von Abonnenten haben.

Es ist bekannt, dass viele große Unternehmen, Organisationen und auch Vereine *YouTube* nutzen, um ihre Inhalte einem breiten Publikum zugänglich zu machen. Dabei können sie auch interaktive Elemente wie Kommentare, Likes und Abonnements verwenden, um die Beziehungen zu ihren Zuschauern zu stärken.

Laut der Studie nutzen 2021 in Deutschland etwa 86 Prozent der Internetnutzer *YouTube*. Im Mai 2021 hatte *YouTube* in Deutschland etwa 47,5 Millionen *Unique Visitors*, das bedeutet etwa 63 Prozent der Gesamtbevölkerung.

Hier sind einige Möglichkeiten, wie Schlaraffia von *YouTube*-Videos profitieren kann:

1. Erhöhung der Sichtbarkeit: *YouTube* ist die zweitgrößte Suchmaschine der Welt und die drittbesuchteste Website, was bedeutet, dass es eine große Reichweite und Sichtbarkeit bietet. Durch die Erstellung von Videos auf *YouTube* kann ein Verein seine Reichweite erhöhen und neue Zielgruppen erreichen.

2. Erstellung von visuellem Inhalt: Ein Verein kann auf *YouTube* Videos erstellen, um seine Botschaft und Aktivitäten auf visuelle und unterhaltsame Weise zu vermitteln. Es gibt viele verschiedene Arten von Videos, die ein Verein erstellen kann, z.B. kurze Clips von Veranstaltungen, Interviews mit Mitglie-

dern oder Experten, Dokumentationen oder Tutorials.

3. Mitgliederbindung: Ein Verein kann Videos auf *YouTube* nutzen, um Mitglieder über die neuesten Aktivitäten und Entwicklungen zu informieren, sowie um sie zu motivieren und zu inspirieren. Videos können auch dazu beitragen, ein Gemeinschaftsgefühl zu schaffen und die Mitgliederbindung zu stärken.

4. Fundraising: Ein Verein kann *YouTube* nutzen, um Gelder zu sammeln, indem er Videos über seine Projekte, Initiativen oder Kampagnen erstellt und sie auf der Plattform teilt. *YouTube* bietet auch die Möglichkeit, Geld zu verdienen, indem man Partner wird und Werbung in den Videos schaltet.

5. Schulung und Bildung: *YouTube* kann auch genutzt werden, um Schulungen und Bildungsinhalte für Mitglieder und Interessenten bereitzustellen. Ein Verein kann Videos erstellen, die Tipps und Tricks für bestimmte Aktivitäten oder Fähigkeiten vermitteln.

Insgesamt bietet *YouTube* für einen Verein wie Schlaraffia unendlich viele Möglichkeiten, seine Reichweite zu erhöhen, seine Botschaft zu verbreiten und Mitglieder zu motivieren und zu inspirieren. Es ist eine leistungsstarke Plattform für die Erstellung und Verbreitung von visuellen Inhalten, die für viele verschiedene Zwecke genutzt werden kann.

Aus diesem Grund nutzen Dutzende Schlaraffen *YouTube* seit Jahren als Möglichkeit, sich und ihre Produkte im Film zu präsentieren.

LULU-TV

Angeregt durch die künstlerisch beeindruckenden Leistungen, die in den Aether-Krystallinen zu erleben war, begann Jk Ruprecht, später Rt Prinz Rupi (175), Mitschnitte zu fertigen und zu sammeln. Gemeinsam mit Jk Dieter, später Rt El Charro (175), der Erfahrungen aus seiner Tätigkeit für IBM im Silicon Valley einbrachte, wurde auf der Basis des vorhandenen Materials im Frühjahr 2020 LULU-TV gegründet.

Da es in den Gründungsjahren aufgrund der Pandemie keine Möglichkeit gab, zu reisen und Auftritte filmisch einzufangen, wurde anfangs mit Zoom aufgezeichnet. Die Ausstrahlung erfolgt über den gut vernetzten YouTube-Kanal von Rt Prinz Rupi, der Anfang 2023 seinen 1.200.000. Zuschauer begrüßen durfte.

LULU-TV präsentiert Filme von und über Schlaraffen. Der Sender stellt schlaraffische Talente vor und macht deren Initiativen und kunstvollen Beiträge öffentlich zugänglich. Der Sender fühlt sich dem schlaraffischen Gedanken verpflichtet. Er ist kein offizielles Sprachrohr des Verbands Allschlaraffia oder eines Reyches.

LULU-TV zeigt Beiträge aus drei Bereichen: *UHUS tönende Wochenschau*, Clips zur Vorbereitung des XXVII. Concils in Boston 2025 sowie eine Interviewrunde unter dem Titel *»Drei Fragen an Schlaraffen«*.

Per 01.10.2023 waren insgesamt zehn Stunden Filmmaterial online gestellt. Bei einer durchschnittlichen Dauer eines einzelnen Beitrages von rund drei Minuten wurden rund 190 Beiträge erstellt. LULU-TV verzeichnete zum Stichtag 01.10.2023 insgesamt 23.244 Zuschauer.

Zur Zuschauerstruktur kann dank der Analyse-Tools von YouTube folgende Aussage getroffen werden:

36,4 Prozent kamen über die YouTube-Suche

27,3 % kamen über externe Links

18,2 % kamen per Direktlink oder unbekannt

9,1% kamen über die Kanalseite

9,1 % über Videovorschläge ähnlicher Seiten

Suchworte:

»Uhus Tönende Wochenschau« 7,6 %

»Prinz Rupi«   5,4 %

»Wochenschau«   2,2 %

»Lulu-TV«   1,1 %

Alter der Zuschauer 65+ - 100%

Geschlecht der Zuschauer 100% männlich

Anfragen von Interessenten an LULU-TV werden an die jeweils lokal zuständigen Schlaraffenreyche vermittelt. LULU-TV hat sich damit zum nachweislich wirksamsten Mittel der Öffentlichkeitsarbeit für den Bund der Schlaraffen entwickelt. Diese Werbung erfolgte ehrenamtlich ohne Kosten für den Verein.

Adresse: UHU-Media.com

Allschlaraffische Datenzentrale

Die ursprüngliche Landeskantzlei Deutschland (LKD) wurde 1985 von ErbK Rt Aqua (31) zusammen mit seiner Burgfrau übernommen. Rt Aqua organisierte die Landeskantzlei in den darauffolgenden Jahren um und führte die elektronische Datenverarbeitung ein. Hier standen Ihm zunächst Manfred Winterhalter und ab 2012 Rudolf Philipeit als profane Dienstleister zur Verfügung.

Rudolf Philipeit hat in den folgenden Jahren bis heute die schlaraffische EDV von einer Einzelplatzanwendung auf einem MS-Dos-/Word-/DBASE-System hin zu einer verteilten und vernetzten Datenbankanwendung weiterentwickelt, welche heute über Internetverbindungen mit dem Reychsverwaltungsprogramm weltweit eingesetzt wird.

1995 wurde Brigitte Lutz als Mitarbeiterin in der LKD angestellt. Frau Lutz hat bis heute die Entwicklung der Kanzlei vom Federkiel und Karteikarte bis zur modernen EDV miterlebt und dazu beigetragen, dass die Organisation der Datenzentrale den heutigen Stand erreicht hat.

Nach einer Verlagerung von Verantwortlichkeiten auf Frau Lutz und Herrn Philipeit konnte sich ErbK Rt Aqua 1999 aus den operativen Aufgaben zunehmend zurückziehen. Von 1999 bis 2004 wurde unter dem ASR-Vorsitz von Rt Schilf (153) aus der Landeskantzlei Deutschland die Datenzentrale Allschlaraffia in ihrer heutigen Form.

2004 konnte unter dem Vorsitz von ASR Rt Ton DIN (126) das Reychsverwaltungsprogramm erstellt und eingeführt werden. Ebenfalls in diesem Zeitraum wurden das Kantzlerhandbuch neu aufgelegt und die Allschlaraffische Stammrolle zusätzlich als CD-Rom-Version eingeführt.

Seit 2017 wird neben dem Reychsverwaltungsprogramm die Reychsverwaltungssoftware *RVS15* von Rt Lord Sing (174) in Zusammenarbeit Rt Krypto-Graf (266) als Softwarelösung für eine umfangreiche Aufgabenerledigung im Reych allen Reychen zur Verfügung gestellt.

Das bisherige Reychsverwaltungsprogramm (RVP) läuft auf Basis von *MS Access 2010*. Ein Update auf neuere MS Access-Versionen ist aufgrund der verwendeten Replikation der Datenbanken (Datenabgleich zwischen den Reychen und der Datenzentrale) nicht möglich. Microsoft kündigte das Supportende für MS Office 2010 und damit auch für MS Access 2010 für den 13. Oktober 2020 an. Seit diesem Zeitpunkt kann das RVP nur noch in geschlossenen Systemen betrieben werden. Solange ein PC nur für das RVP verwendet wird, kann man ohne Sicherheitsbedenken das RVP weiter nutzen.

Nachdem das Reychsverwaltungsprogramm (RVP) durch das angekündigte Supportende für MS Access 2010 im Jahr 2020 nach über 15 Jahren an ein Ende seines Le- benszyklus anlangt, wurde vom ASR beschlossen, ein Nachfolgeprogramm einzu- führen. Es entstand die Reychsverwaltungssoftware RVS15, die allerdings noch operationell ist.

Daraus entwickelte sich wiederum die *Allschlaraffische Verwaltungs-Software AVS*.

AVS

Die *Allschlaraffische Verwaltungs-Software* (AVS) wird derzeit zur Aktualisierung der Sassen-Daten, der Eingabe von Titeln, Orden und Sippungsfolgen genutzt, darüber hinaus ist sie für viele Sassen auch Begleiter für ihre Ausritte geworden.

2019 wurden Rtt Inter-nett (166) und Krypto-Graf (266) beauftragt, eine Web-Anwendung zu schaffen, mit der nicht nur die Datenerfassung neu organisiert wird, sondern die auch als Abfrageinstrument allen Sassen zugutekommt. Die Grundidee der AVS war geboren.

Gemeinsam haben dann Rtt Inter-nett und Krypro-Graf die Datenbankstruktur überarbeitet und modernisiert. Danach entwickelte Rt Inter-nett die Datenübernahme aus der MS Access Datenbank und korrigierte Datenfehler. Rt Krypto-Graf entwarf parallel dazu die Systemarchitektur und programmierte die Web-Anwendung in der aktuellen Form.

Die Web-Anwendung *AVS* umfasst ca. 290.000 Programmzeilen. (Stand 01.01.2023). Die *AVS* ist erreichbar unter: https://www.datenzentrale.online

Von den *AVS*-Pflegern, der Datenzentrale und den Landes-Sekretariaten wurden seit 2021 mehr als 210.000 Datenänderungen vorgenommen.

Von den 262 Schlaraffen-Reychen haben inzwischen 249 einen *AVS*-Pfleger bestellt, 13 Reyche (noch) nicht.

Ein AVS-Pfleger wird wie bei einem Reychsambt von den Oberschlaraffen bestimmt und als Werdegang beim Sassen eingetragen. Um als AVS-Pfleger eingetragen zu werden, muss – wenn noch nicht erfolgt – der Sasse die Datenschutzerklärung unterzeichnen und der Datenzentrale zusenden. Die Datenzentrale trägt dies dann beim Sassen ein und erst danach kann der Werdegang *AVS*-Pfleger eingetragen werden.

Wenn es noch keinen *AVS*-Pfleger im Reych gibt, wird der Eintrag *AVS*-Pfleger von der Datenzentrale vorgenommen. Wenn es im Reych bereits einen *AVS*-Pfleger gibt, kann dieser den weiteren *AVS*-Pfleger im Rahmen der Reychswahl oder Nachwahl eintragen. *AVS*-Pfleger können Ritter und anders als bei Reychsämbtern auch Junker werden.

Seit Weihnachten 2021 werden alle Ambtlichen Mitteilungen, die Stammrolle und die Sippungsfolge aus der Datenbank exportiert.

Es haben sich bisher insgesamt 796 Benutzer aus 262 Reychen registriert. Das sind weniger als zehn Prozent der Gesamtmitgliederschaft der Schlaraffia. Viele Sassen scheitern an der Zwei-Faktor-Authentifizierung (*2FA*) über eine Authenticator-App.

Dabei werden sechsstellige Codes erzeugt, die zusammen mit einem Benutzernamen und einem Kennwort eingegeben werden müssen. Dieser zeitbasierte Einmalpasswort-Algorithmus (*TOTP*) gilt als sicher.

APParillo

Wo kann ich heute sippen und was ist das Thema? Welcher Reyche sind wie weit von mir entfernt? Solche Fragen und noch mehr beantwortet der *APParillo*.

Er hilft auch beim Erstellen von Terminen im Handy-Kalender oder füllt eine E-Mail aus mit dem jeweiligen Sippungsthema als Betreff und einen vorher definierten Text. Auch kann jeder seine Einritte in der App speichern und die Liste exportieren. Der APParillo kann bestehende Einrittlisten aus Excel importieren.

Am Anfang stand die Idee, eine Liste zu haben, in der man, egal wo man gerade ist, schnell mal nachsehen kann, wo und wann gesippt wird. Diese Idee griff Rt Don Molinari (166) auf, indem er die Realisierung zu seiner Ritterarbeit machte.

Inzwischen ist die APParillo-App auf mehr als 1.500 TaschenUHUs in Betrieb und verbreitet sich weitgehend durch Mundpropaganda im Uhuversum.

ASR-Vorsitzender Favorito (197) setzte sich in der *DSZ* 01/2023 dafür ein, *»diese App, die aus einer privaten Initiative zweier Ritter entstanden ist, zu einem unserer offiziellen Medien zu machen«*.

Einsatz Künstlicher Intelligenz

Die seit Mitte 2022 zur Verfügung stehenden Anwendungsmöglichkeiten wurden von Anbeginn auch von der Schlaraffia genutzt. So wurden in der Lietzowia (175) in Ermangelung zeichnerischer Talente Schmierbuchblätter mittels KI-Kunst erstellt. Illustrationen für Flyer, Einladungskarten und andere Werbemittel wurden geschaffen.

Testweise wurden auch Fechsungen mit Textaggregatoren wie *Chat GPT* erstellt. Chat GPT ist ein künstlicher Intelligenz-Chatbot, der als leistungsstarkes Sprachmodell von OpenAI entwickelt wurde. GPT steht dabei für *»Generative Pre-trained Transformer«*, was auf die Technologie und Methode der Modellbildung hinweist. Das Modell wurde mit einer großen Menge an Daten trainiert, um natürliche Sprachmuster zu erkennen und Texte zu generieren, die menschenähnlich sind.

Die Erstellung von Texten, Gedichten und Reden mittels KI kann mittelfristig als Problem für die Schlaraffia angesehen werden, da innerhalb von Sekunden fertige Fechsungen per Computer geschaffen werden können. Diese sind, obwohl die Technologie erst am Anfang steht, von Texten, die von Menschen geschaffen wurden, schwer zu unterscheiden.

Es ist für die nähere Zukunft also durchaus vorstellbar, dass sehr viele künstlich aggregierte Texte vorgetragen werden. Das wirft die Frage auf, ob das noch von echten Menschen vorgenommen werden muss oder ob gleich *Alexa*-Boxen oder virtuelle Ritter an die Rostra treten und das Publikum unterhalten.

Im Extrem könnten eines schönen Tages virtuelle Ritter als Hologramm in einer virtuellen Burg auftreten, die sich mit KI-gespeisten Texten bespaßen.

Diese Vorstellung ist aufgrund der enorm schnellen technischen Entwicklung gar nicht so unmöglich, wie sie manch einem derzeit vielleicht scheint.

Eine Sippung anno 2030

In einer nicht allzu fernen Zukunft sitzen Ritter im Saal einer großen Burg und warten auf den nächsten Redner. Plötzlich erklingt von der Rostra eine laute Stimme.

»Schlaraffen hört! Ich bin euer virtueller Ritter R2-D2, und ich werde euch heute mit einer fantastischen Geschichte unterhalten!«

Die Herren schauen sich verwundert um und entdecken eine leuchtende Gestalt auf der Rostra – das Hologramm eines Ritters! Die geheimnisvoll schimmernde Figur beginnt zu erzählen und fasziniert mit ungewöhnlichen Geschichten und Eloquenz. Doch als die dreidimensionale Figur aus Laserlicht plötzlich zu einer Werbebotschaft übergeht, reagieren die anwesenden Sassen verwirrt.

»Hat der Ritter gerade Werbung gemacht?« fragen sie.

Es erklingt eine andere Stimme:

»Wortmeldung! Hey, das war nicht ich, das war die Alexa-Box neben mir!«

Alle schauen sich um und entdecken eine Reihe von virtuellen Rittern und Alexa-Boxen in der Burg, die miteinander konkurrieren, wer das Publikum besser unterhalten kann. Die Ritter können sich vor Lachen kaum halten, als die virtuellen Heroen versuchen, sie mit absurden Geschichten zu beeindrucken, während die Alexa-Boxen mit trockenem Witz versuchen, alle zum Lachen zu bringen.

Da beginnt ein Syntheziser das Abendlied zu intonieren. Die anwesenden Blechbüchsen singen im Chor: »Die Mitternachtsstunde, sie ist wieder da lasst scheiden uns, Brüder in Uhu, Aha; Den Helm jetzt vom Haupte, das Schwert von der Seit'. Ach! Scheiden ihr Brüder, bringt Sorgen und Leid!«

Als plötzlich ein technischer Fehler auftritt und die Ritter und Alexa-Boxen durcheinandergeraten, gerät die Situation außer Kontrolle.

Ein virtueller Ritter fragt: »*Lulu, Alexa: Was ist der Sinn des Lebens?*«

Die Box antwortet sofort: »*Das kann ich dir nicht sagen, aber ich kann dir sagen, wo du das nächste Restaurant findest!*«

Die Anwesenden können sich vor Lachen kaum noch auf ihren Sesshaften halten, während die virtuellen Ritter und Alexa-Boxen wild durcheinander reden und sich gegenseitig zum Duell herausfordern. Erst als der Marschall nach einem mächtigen Schlag auf das TamTam den Strom abschaltet, herrscht wieder Ruhe in der Burg.

Am Ende des Abends verlassen alle den Saal mit einem Lächeln auf den Lippen. Die Sassen sind sich einig, dass es eine der ungewöhnlichsten Veranstaltungen war, an denen sie je teilgenommen haben.

Wer hätte gedacht, dass virtuelle Ritter und Alexa-Boxen so unterhaltsam sein könnten?

Coda

Die Digitalisierung durchdringt die Gesellschaft in vollem Umfang und erfasst auch Vereine wie die Schlaraffia. Allerdings bietet sie dem Bund auch Gelegenheiten, sein Image zu verbessern und neue Mitglieder auf zeitgemäße Weise zu gewinnen.

Durch die Digitalisierung eröffnen sich für die Schlaraffia einzigartige Möglichkeiten, das Überleben des ansonsten schwindenden Vereins in den kommenden Generationen zu sichern.

Es ist wünschenswert, dass jeder Verein und jedes Reych die Gelegenheit nutzt, sich über die Nutzung von Computern und mobilen Geräten wie TaschenUHUs und Tablets auszutauschen und den Kenntnisstand der Mitglieder zu ermitteln. Verantwortliche für die Digitalisierung sollten sich bemühen, die Mitglieder im Umgang mit neuen Medien zu schulen und Empfehlungen für geeignete Hardware zu geben.

Es liegt sowohl im Interesse des Vereins als auch jedes einzelnen Mitglieds, funktionsfähige Hardware und aktualisierte Software zu nutzen. Daher sollten alle Beteiligten bestrebt sein, ihre Fähigkeiten im Umgang mit digitalen Werkzeugen zu verbessern und die Möglichkeiten, die sich durch die Digitalisierung bieten, bestmöglich zu nutzen.

Es ist wichtig, dass wir unseren Kenntnisstand im Umgang mit dem Internet verbessern, indem wir uns sowohl über die Chancen als auch die Risiken informieren. Dazu sollten entsprechende Fortbildungen angeboten werden, die uns helfen, uns vor Datendiebstahl und Verletzungen des Datenschutzes zu schützen.

Durch das Erhöhen unseres Kenntnisstands können wir das Internet als wertvolles Werkzeug zur Informationsbeschaffung und Kommunikation nutzen, während wir uns gleichzeitig bewusst und sicher im Umgang mit unseren persönlichen Daten verhalten.

Es ist wichtig, dass jedes Reych seinen Zugang zum Internet überprüft und die eigene
Website kritisch hinterfragt. Dabei spielt die
Frage der Außenwirkung eine zentrale Rolle,
insbesondere im Hinblick auf jüngere Generationen, die es als selbstverständlich er-
achten, Informationen über ihre Interessen
im Internet zu suchen.

Indem wir unsere digitalen Ressourcen auf
den neuesten Stand bringen und uns auf die
Bedürfnisse unserer Mitglieder einstellen,
können wir sicherstellen, dass wir als Verein
relevant bleiben und unsere Botschaften
effektiv kommunizieren.

Wir sollten uns bemühen, unsere Online-
Präsenz kontinuierlich zu verbessern und
sicherstellen, dass wir den sich wandelnden
Bedürfnissen unserer Mitglieder gerecht
werden.

Der Erfolg unserer virtuellen Präsenz hängt
davon ab, wie attraktiv und abwechslungs-
reich unsere Uhunetzseite gestaltet ist und
ob sie nicht nur von Insidern zur Information

über die Sippungsfolge genutzt wird. Indem wir regelmäßig aktualisieren und die faszinierende Themenvielfalt, die der Bund der Schlaraffen bedient, öffentlich bewerben, können wir sicherstellen, dass unsere Seite für ein breiteres Publikum interessant und informativ wird.

Wir sollten uns bemühen, unsere Seiten so zu gestalten, dass sie einladend und ansprechend sind und unsere Besucher dazu ermutigen, sich mehr mit unserem Verein und unseren Aktivitäten zu beschäftigen. Indem wir den Wert unserer Schlaraffenprinzipien und unser Engagement für Kunst, Freundschaft und Humor auf unseren Websiten hervorheben, können wir neue Mitglieder gewinnen und unser Image in der Öffentlichkeit stärken.

Ein regelmäßiger Newsletter kann dazu beitragen, den inneren Zusammenhalt eines jeden Vereins zu stärken, indem er die Sassen über die neuesten Ereignisse und Aktivitäten informiert. Indem wir auch Einladungen anderer Reyche aufnehmen, können wir den Austausch und die Zusammenarbeit zwischen den einzelnen Vereinen fördern.

Darüber hinaus kann der Newsletter auch für potenzielle Pilger eine Quelle der Inspiration sein. Indem wir interessante und ansprechende Inhalte teilen und die Schlaraffenprinzipien Freundschaft, Kunst und Humor betonen, können wir das Interesse an unserem Verein wecken und neue Mitglieder gewinnen.

Es ist wichtig, dass der Newsletter regelmäßig und pünktlich verschickt wird, um das Vertrauen und das Interesse der Empfänger aufrechtzuerhalten. Wir sollten auch sicherstellen, dass der Inhalt relevant und ansprechend ist, um das Interesse der Leser zu wecken und zu erhalten.

Messenger-Gruppen auf WhatsApp oder anderen Plattformen bieten eine schnelle und unmittelbare Kontaktmöglichkeit, mit der jedes Mitglied mit einem Klick zeitgleich erreicht werden kann. Dies fördert den Zusammenhalt, erhöht die Transparenz und Effizienz im Verein. Die Nutzung dieser Plattformen ist eine der vielen Chancen, die die Digitalisierung bietet und spart auch erheblich Zeit für jeden Einzelnen.

Durch Schulungen im Umgang mit Plattformen wie *Zoom*, *APParillo*, *Facebook*, *LULU-TV* und *UHU-Radio* können Ängste vor der Nutzung neuer Technologien überwunden werden. Oft werden neue Technologien aufgrund von Furcht vor Neuerungen und technischen Herausforderungen abgelehnt. Die Schulung im Umgang mit diesen Plattformen kann helfen, Bedenken abzubauen und die Nutzung zu erleichtern.

In einer von Technologie beherrschten und oft beängstigenden Welt sind die schlaraffischen Prinzipien der Freundschaft, Kunst und des Humors relevanter denn je. Indem wir uns kreativ auf Innovationen einlassen und uns aneignen, können wir die Zukunft bereits in der Gegenwart gestalten.

Durch die Erschließung neuer Möglichkeiten des schlaraffischen Spiels und eine verstärkte Präsenz des Kulturbundes in der Öffentlichkeit eröffnen sich uns spannende Chancen, die wir unbedingt nutzen sollten.

Es gibt keine Grenzen für die Möglichkeiten, die sich eröffnen, wenn wir Spiegel und Ceremoniale als Spielanleitung betrachten. Diese bieten uns weitaus mehr Freiraum für Kreativität und Erfindungsreichtum, als selbst die erfahrensten Veteranen ahnen würden.

Lasst uns die Chance ergreifen und die schlaraffische Spielkunst auf eine neue Ebene bringen!

Prinz Rupi

Der Autor, Rt Prinz Rupi, wirkt als Oberschlaraffe der Kunst in der Lietzowia (175).

Kontakt: prinzrupi@gmail.com

Memorandum des ThinkTanks der schlaraffischen Netzritter

Vorgestellt auf dem 2. Internationalen Treffen der Netzritter in Reil an der Mosel am 29. Juli 2023. Es handelt sich um einen Gedankenanstoß engagierter Schlaraffen. Nichts ist dabei in Stein gemeißelt, es geht lediglich darum, einige der Themen anzusprechen, die all denjenigen auf den Nägeln brennen, die sich um den Fortbestand der Schlaraffia wirklich Sorgen machen und den Untergang des Bundes verhindern wollen.

Vorgestellt auf dem 2. Internationalen Treffen der Netzritter in Reil an der Mosel am 29. Juli 2023

Es handelt sich bei diesem Papier um einen Gedankenanstoß engagierter Schlaraffen. Nichts ist dabei in Stein gemeißelt, es geht lediglich darum, einige der Themen anzusprechen, die all denjenigen auf den Nägeln brennen, die sich um den Fortbestand der

Schlaraffia wirklich Sorgen machen und den Untergang des Bundes verhindern wollen.
Ausgangspunkt

Die Schlaraffen stellen eine einladende und zusammenhängende Gemeinschaft dar, die Neumitgliedern offen gegenübersteht und gleichzeitig ihre bestehenden Bindungen pflegt.

Schlaraffen bilden weltweit Gruppen von Individuen, die sich der Kunst, Freundschaft und dem Humor widmen. In einer Gesellschaft, in der die Monokultur zunehmend zur Norm wird, setzen sie sich aktiv für die Erhaltung und Förderung kultureller Vielfalt ein.

Schlaraffen sind international tätig in einer globalen Welt. Entfernungen sind keine Hürde mehr. Die Betonung der Internationalität in unserem Verein kann uns ungemein bedeutender und attraktiver machen!
Der Bund

Der Bund der Schlaraffen positioniert sich als eine hochkarätige Organisation, die für Kultur und Kunst steht. Er hat die Möglichkeit, sowohl Künstler als auch Kulturliebhaber anzuziehen, wenn er seine Einzigartigkeit und Qualität effektiv kommuniziert.

Durch substantielle Beiträge der Mitglieder und zielgerichtete Öffentlichkeitsarbeit kann dieser Prozess beschleunigt werden, um die Sichtbarkeit und Wahrnehmung des Bundes zu steigern.

Ziel der Erneuerung

Ziel ist Erhalt und Wachstum des Bundes der Schlaraffen als ein harmonischer Zusammenschluss von Menschen, die sich Kunst, Freundschaft und Humor mit Herzblut hingeben. Dies ist nur durch eine Erneuerung möglich.

In unserer schnelllebigen und hektischen Zeit bedeutet es einen hohen Wert, sich in einer derartigen Gemeinschaft treffen zu können, um den Alltag für eine gewisse Zeit zu vergessen und das Kind im Manne wieder zu entdecken.

Strategie

Es ist eine langfristige Strategie für die nächsten zehn Jahre erforderlich. Dazu gehört ein aus heutiger Denkweise heraus griffiger Leitspruch, ein Branding der Schlaraffen und eine visuelle Identifikation (Corporate Identity mit Schrift, Logo, Markenfarben).

Es gilt, die Schlaraffen in einer Markenidentität zu verankern, die so unverwechselbar ist wie ihr Geist.

Fahrplan

Jahrespläne sollten als messbare Ziele definiert und gleichzeitig die einzelnen Reyche ermuntern, möglichst viel zu unternehmen, zu experimentieren, auch mal Fehler zu machen, Rückschläge zu verdauen, eigene Wege zu gehen.

Gute Ideen setzen sich automatisch durch, wenn man die Freunde ermuntert, selbstständig zu denken, Initiativen zu entwickeln

und entsprechend tätig zu werden. Entschei-
dungsfindung

Schlaraffen kommen am besten vorwärts mit
demokratischen Entscheidungsverfahren
durch einfache bzw. qualifizierte Mehrheiten.
Schon in der kleinsten Gemeinschaft ist
Teamarbeit die bessere und effizientere
Lösung. Sich den Problemen, Wünschen,
Ideen oder Forderungen der Basis zu öffnen,
ist ein Zeichen von Weitsicht und Klugheit.
Schlaraffen bilden »eine innige Gemeinschaft« in gleichgesinntem Streben und stellen alle Mitglieder gleich.

Wir leben in einer Zeit mit einem profunden
Demokratieverständnis. Sitzungen der demo-
kratisch gewählten Gremien sollten deshalb
für jedes Mitglied zugänglich sein (Zoom), so
wie es auch in Parlamenten und Gemeinde-
räten üblich ist. Protokolle sollten im Internet
in geschützten Räumen öffentlich gemacht
werden.

Geheimniskrämerei widerspricht den Grund-
prinzipien des Bundes und befördert den Un-

geist, übereinander statt miteinander zu reden.

Kreativität

Schlaraffen wollen gerne unangestrengt und frei spielen und dabei spüren, dass ihre Kreativität gefragt ist. Jedem Mitglied sollte vollkommen klar sein: Niemand erleidet Nachteile, wenn er aktiv wird.

In der Schaffenskraft des Einzelnen liegen unglaubliche Chancen. Alle können nur gewinnen, persönlich und als Team (Reych). Und das Tollste: All das kostet keinen Cent!

Toleranz

Wesentliche Voraussetzung für ein Wachstum des Bundes ist Toleranz. Jeder Schlaraffe verkörpert seinen eigenen Kosmos, der ihn ausmacht und zu respektieren ist.
Werbung

Jede Werbemaßnahme, die Geld kostet, muss konkret messbar sein. Das heißt, es sollte ein Pro-Kopf-Etat für jedes neue Mitglied angesetzt werden, zum Beispiel ein Jahresbeitrag. Das Gesamtbudget für die jeweilige Aktion wird dann durch den Einzelpreis dividiert und ergibt die erforderliche Zahl der Treffer (Eintritte), die die jeweilige Maßnahme als betriebswirtschaftlich vernünftig darstellt.

Dazu gehören auch wirksame Kontrollen, damit die Beiträge zielorientiert ausgegeben werden.

Identität

Es ist zumindest für Europa wichtig, den Bund der Schlaraffen aus der Matratzengruft zu ziehen. Derjenige, der »Schlaraffia« googelt, stößt auf die gleichnamige Matratzenfabrik. – »Schlaraffia« ist eine Weltmarke für Matratzen, das wäre ebenso, wenn der Bund »Ford« oder »Mercedes« hieße. Das wird aber schon in dem Moment vollkommen anders, wenn der Begriff »Schlaraffen« gegoogelt wird. Dann kommt nämlich das gewünschte Ergebnis zuerst, und von Matratzen ist keine Rede mehr.

Aus dieser Betrachtung heraus empfehlen wir, den Namen »Schlaraffia« auszuschleichen und stattdessen den Begriff »Schlaraffen« immer mehr und immer häufiger zu gebrauchen. Dann wird jede Verwechslung mit einer Matratze, die es im Jahr 1859 noch nicht gab, ausgeschlossen. Zwei Buchstaben lösen das Problem, denn es besteht keine Chance, kurzfristig bekannter zu werden als die Matratze.

Öffentlichkeitsarbeit

Rituale könnten abgestaubt und aufpoliert werden. Auch ein Vierzigjähriger sollte sich wiederfinden können und wohl fühlen.

Wichtig ist, mit allen nur denkbaren Möglichkeiten und Medien auf schlaraffische Aktivitäten hinzuweisen. Dazu sollten die Burgpforten weit geöffnet werden. Es können Lesungen, Workshops, Seminare, Vorträge, Musikwettbewerbe angeboten werden, um dem Gedanken eines Kulturbundes zu entsprechen, Interessenten in die jeweiligen Burgen zu laden, sie dort freundlich anzusprechen und aufzuklären, in was für einem Verein sie gelandet sind.

Dem Reychsberichterstatter kommt die verantwortungsvolle Schlüsselrolle eines lokalen Pressesprechers und Öffentlichkeitsarbeiters zu. Die einzelnen Landesverbände benötigen ebenso wie der ASR einen Pressesprecher, der sich aktiv in das kulturelle Tagesgeschehen einbringt und die Position der Schlaraffen öffentlich macht.

Es ist notwendig, unsere Kommunikation auf allen Ebenen zu verbessern. Es geht dabei auch um einen allgemeinen Austausch von Erfahrungen, für den noch geeignete Formen zu entwickeln sind.

Kulturverein

Verstärkte Auftritte als Kulturverein binden die Sassen der jeweiligen Reyche stärker ein, sie können über ihre Aktivitäten erzählen, neue Interessenten werben (Adressen sammeln für regelmäßige Einladungen) und über die hauseigene Stärke – das ist die kulturelle Leistung – an Profil gewinnen. Ziel sollte sein, den Bund enger mit Kulturveranstaltungen und Hobbykünstlern zu verbinden, also einen Verein zu schaffen, der jungen Talenten eine Bühne bietet, sie fordert und fördert und vielleicht den einen oder anderen Besucher/Teilnehmer auf diese Weise zum Pilgern bewegt.

Die Öffnung der Burgen bringt Öffentlichkeit. Dazu zählen auch virtuelle Burgen, zum Sippen in eine richtige Burg gehen oder die Burg als Straßentheater zu inszenieren.

Frauen

Wir anerkennen, dass sich die Rolle der Frauen in der Gesellschaft geändert hat. Wir halten es daher für unabdingbar, darüber nachzudenken, in welcher Art Frauen in Schlaraffia eine Repräsentanz haben sollen. In welcher Form dies geschehen kann, muss diskutiert werden.

Das heißt nicht, dass wir vorschlagen, zukünftig gemischtgeschlechtliche Sippungen abzuhalten.

Das Spiel

Wir müssen überlegen, was wir spielen. Langweilige, abgetretene Rituale müssen abgestaubt und aufpoliert werden. Auch ein Vierzigjähriger muss sich bei uns wiederfinden können.

Persiflage, Selbstkritik, Parodie, Freiheitslieder, Blaue Blume etc sind geeignete Stilmittel, die es zu beleben gilt, um die Essenz des schlaraffischen Spiels zu beleben.
Sprache

Die Sprache der Schlaraffen ist deutsch in allen Varianten, Dialekten und Sprechweisen.

Reyche in nicht deutschsprachigen Ländern sollten frei sein, die jeweilige Landessprache zu nutzen, um ihre Sassen einzubeziehen und zu binden.

Virtuelles Leben

Online-Veranstaltungen (Vippungen) helfen, Sassen einzubeziehen, die aus Gründen selbst nicht zu den Sippungen in den Burgen kommen können. UHUnetzseiten, LULU-TV, Schlaraffen-Radio, Symposien, digitalisierte Dokumente und Mediathek im Reychsarchiv.org und vieles mehr bereichert den Bund, ohne von den Sippungen abzulenken. Vielfalt und Farbenfreude prägt das Antlitz der Schlaraffen.

Der Kern ist und bleibt die klassische Sippung mit einer guten Zahl von frohgemuten Mitwirkenden. Wo und wann es aber schwierig oder unmöglich ist, das durchzusetzen, kann und sollte man den Bund auch virtuell erleben und genießen. Experimentieren geht hier über Studieren. Während der Corona-Pandemie entstand die Idee der Aether-Krystallinen, die seit dem mit großem Erfolg Sassen aus allen Kontinenten zusammenführen und zum Gedanken der Netzritter führte.

Epilog

»Zukunft kann man nur mit Radikalität ge-
stalten. Schlaraffia braucht mehr davon!«
(aus dem Protokoll der Legatentagung)

Schlaraffia unter der Corona-Pandemie

Von Rt Basso-contonio (12)

Wie kann Umständen wie denen einer Pandemie der güldene Ball fliegen? Betrachten wir dazu die Ausgangssituation in der Winterung a.U. 161/62 analog zu jedem Asterix-Band:

Ganz Schlaraffia ist von der Pandemie gelähmt. Ganz Schlaraffia? Nein, mehrere unbeugsame Reyche hören nicht auf, der von Oho verursachten Lethargie Widerstand zu leisten und den schlaraffischen Geist hoch zu halten. Dabei ist dies Unterfangen nicht ganz leicht ob der vielen Einschränkungen und Herausforderungen.

Was ist passiert? Oho hat das ganze Uhuversum mehr oder weniger lahmgelegt, in seinen aussichtlosen Bann gezogen, den edlen Sassen die Zusammenkünfte in ihren Burgen vergällt, das ach so wichtige Händeschütteln und Umarmen in weite Ferne gerückt, den gemeinsamen lethefrohen Gesang durch Schweigen ersetzt, die Burgen mit allerlei Plastikwänden, Desinfektionsspendern und offen herumstehenden Putzmitteln verziert. Es ist ein Szenario der Tyrannei gegen den edelsten aller Freundschaftsbünde – die Schlaraffia.

Doch wir wären keine Schlaraffen, wenn wir diesem bösen Treiben nichts entgegenzusetzen hätten.

Ausnahmslos alle Sassen – möchte ich behaupten – haben sich an ihre schlaraffischen Bande erinnert und waren ihren Freunden nah, haben den Kontakt untereinander aufrecht erhalten, sich gegenseitig Trost gespendet, zugehört und sich auch aufgemuntert. Diese Freundschaftspflege ist überhaupt die Basis für unser Zusammenleben – zu jeder Zeit und allen Widrigkeiten zum Trotz.

Doch welche Wege haben diese unbeugsamen Reyche zusätzlich eingeschlagen? Noch in der Winterung 161/62 konnten wir gar nicht die Fülle dessen erahnen, was sich bereits andernorts an Aktivitäten geregt hatte. Wir haben uns nur glücklich geschätzt, einem einzelnen Hinweis aus dem Reyche In der Weyden folgend den Weg in die Äthersippungen der Hala Bavarica gefunden zu haben.

Unter den wechselnden Funktionen der Rt Per-Vieh'd-I, Pneumocelsus und Schau-mamoi öffneten sich jeden Donnerstag die virtuellen Burgpforten und viele äußerst schmucke Ritter, Junker und Knappen gaben sich hier ein fröhliches Stelldichein. Je Inspiration, Redekunst und dem Sinn für Wortgemetzel der Fungierenden dauerten diese Sippungen stets etwa 90 bis 200 Glöckchen – mit viel Ehe in den jeweiligen Heimburgen. Themen wurden ausgerufen, erster und zweiter Teil abgehalten, es gab stets einen Gestrengen, es wurde gepönt (aber selten auch eingetrieben) und es gab immer reihenweise Fechsungen. Einmal kam es sogar zu einem Duell – zwischen dem gefürchteten Rt Creatore (421) und einem Junker. Wider Erwarten konnte der Jungschlaraffe dieses sinnlose Gemetzel geradeso für sich entscheiden.

Es kamen Sassen aus etlichen Reychen, ja sogar aus der Detroitia. Und nach so mancher Äthersippung verschickten der Thron sowie der allseits bekannte Rt Jennerwein anerkennende Sendboten und gar Pakete mit Ahnen, Urkunden und Einladungen sowie einmal auch ein Überweisungsformular.

In dieser Pandemie kam schlaraffische Post – gefüllt mit Freundschaft, Geist und sehr viel Hoffnung. Wir sind der Hala Bavarica zutiefst dankbar, hat sie uns doch die restliche Winterung 161/62 hoch erfreut und uns neue schlaraffische Bande knüpfen lassen, die alsbald zu gemeinsamen Ausritten etwa zur Hildesia – zum Huckebeynritt – führen.

Im Zuge unserer Vorbereitungen zur Ritterarbeit befragten wir das Uhuversum in Form einer Anzeige in derer Schlaraffenzeyttungen. Und wir mussten gar nicht lange warten, bis zahlreiche Sendboten eintrafen. Zusätzlich führten wir selbst noch Gespräche mit verschiedenen Sassen.

Nun also zum Kern dieser Arbeit.

Der Drang der Schlaraffen, sich zu begegnen und aneinander zu erfreuen, führte in einigen Reychen zu Äthersippungen und noch öfter zu Ätherkrystallinen. Die Sippungen wurden nach Spiegel und Ceremoniale durchgeführt, die Krystallinen hingegen glichen anfangs überfüllten Markthallen, wo alle durcheinander sprachen und die Marktleitung mit der Technik zu kämpfen hatte. Doch das legte sich mitunter sehr rasch.

Solche Ätherkrystallinen haben sich als sehr probates Instrument entpuppt, das zumindest ein virtuelles Wiedersehen der Sassenschaft ermöglichte. Doch mit der reinen Anmeldung dazu war es zumeist nicht getan. Viele derer Sassen kämpften mit den technischen Einstellungen, ließen im Hintergrund den Fernseher laut und störend laufen (weil sie etwa ein Spiel ihres geliebten SSV Regensburg nicht versäumen wollten), quatschten laut dazwischen, ohne zuvor die virtuelle Hand zuh eben, ärgerten im Hintergrund den dann laut bellenden Hund oder verrückten den Blickwinkel ihrer Kamera so, dass nur der Rest des entrückten Haupthaares zu sehen war.

Jede Sassenschaft, so sie nicht weise und streng gelenkt wird, versinkt in fürchterlichem Kommunikations-Chaos. Ohne Spielregeln ruft die einfachste Krystalline schnell den Unmut der eher ruhigeren Sassen hervor, die fortan vielleicht nicht mehr teilnehmen werden. Es geht hier besonders um Ausgewogenheit.

Also haben sich einige Reyche angeschickt, ihr eigenes Krystallinen-Ceremoniale zu erstellen, nach dem sie ihre Äthertreffen abhalten wollten. Allen voran möchte ich das Reych First im Felde nennen.

Nach der Schließung ihrer Burg a.U. 161 trafen sich die Sassen regelmäßig zu virtuellen Krystallinen. Es sollten bewusst keine Sippungen sein. Doch ohne eine klare Struktur gerieten diese immer wieder zu einem heillosen Durcheinander. Alsdann erstellten die Oberschlaraffen zusammen mit der Junkertafel ihr eigenes Ceremoniale. Es wurden Themenfolgen erstellt, die Oberschlaraffen moderierten, der Kantzler verantwortete die technische Abwicklung und die Junkertafel übernahm die Betreuung der hilfsbedürftigen Sassen mittels Quasselstrippe.

So erfreuten sich diese Ätherkrystallinen zunehmender Beliebtheit, was in Teilnehmerzahlen von bis zu 91 Sassen zuzüglich 25 Burgfrauen gipfelte. Es wurden bis zu 39 Fechsungen pro Abend dargebracht. Und der Kantzler sorgte dafür, dass in erster Linie die Fechser und Wortmeldungen zu hören waren.

Welch ein Aufwand für das Reych und die Freundschaft!

Wenn also schon ein Ceremoniale, warum dann nicht gleich die Form einer Sippung? Hierzu hat sich beispielhaft folgendes zugetragen: Wie bereits erwähnt wurden alle Äthertreffen der Hala Bavarica in der Winterung a.U. 161/62 als Sippungen ausgetragen – mit allem drum und dran. Sie wurden sogar mit Sippungsnummern versehen, die jedoch nur hier Geltung hatten. Man konnte dies als Persiflage am bürokratischen Eifer interpretieren.

Die Mimegardia hat in beiden Winterungen Äthersippungen abgehalten: derer zehn im ersten und 17 im zweiten Jahr der Pandemie. Es gab ausgerufene Themen, sehr viele Fechsungen, Einritte aus allerlei Reychen und viel Zeit für vorherige und anschließende Krystallinen. Die Sassen wurden stets per Sendboten genau instruiert, was die profane Technik anbetraf.

In der Moguntia wurden zunächst Äthersippungen mit ambtlichem und nicht-ambtlichem Teil, Ämtervergabe, NAP etc. abgehalten. Das führte wohl zu herber Kritik seitens des ASR. Um diesen Gegenwind zu umgehen, kamen die Sassen überein, fortan nur noch Ätherkrystallinen durchzuführen. Diese wurden mit Freude angenommen. Und eine Art Ceremoniale wurde auch verfasst, um diese Form der virtuellen Treffen auch entsprechend zu würdigen.

Gelegentliche Ätherkrystallinen gab es zudem bei unserer Mutter, der hohen Colonia Agrippina.

Wir sehen keinen sachlichen Grund, Sippungen nicht auch über den Äther abzuhalten. Eine offene Diskussion hierzu wäre sehr begrüßenswert.

Uns erreichte aber auch eine völlig andere Meldung aus der Vindobona. Der dort tief verwurzelte und stets rege Rt Kimm Fira bedauerte von Herzen, dass in seinem Reyche keinerlei Äthersippungen angeboten worden sind. Dafür ließen sich die Vindobonen etwas anderes einfallen:

Mit großem Fleiß und sehr viel Hingabe beglückte der Kantzler jede Wochung die Sassenschaft mit einem Rätsel. Gefragt wurden Daten, Paragraphen und Zusammenhänge aus Spiegel und Ceremoniale, aus der Stammrolle und derer Schlaraffenzeyttungen. Die aktiven Sassen wurden zunehmend mehr und erfreuten sich am Wissensspiel. Als Gewinn lockte die Eintragung in das „Goldene Buch der Kantzlerschmeichler der Vindobona".

Die Vindobonen und ihre Ehrenritter waren jedoch auch anderweitig stets fleißig. So versandten sie weitere schön gestaltete, höchst informative und stets humorige Sentboten mit Gedichten aus alten Ausgaben derer Schlaraffenzeyttungen, einem „Blick hinter die Kulissen" einer Ordensfest-Organisation, dazu ein festliches Gedicht zu eben jenem, eine Fechsung über die Gattung des Impflings, die Aufforderung an das Reych zur Fechsung von Vierzeilern zu Ehren des Osterhasen, und vieles mehr.

Wie lautet also unsere Antwort auf die Frage, wie unter pandemischen Bedingungen der güldene Ball fliegen kann?

Es steht für uns alle im gesamten Uhuversum außer Frage, dass die wahre Form des schlaraffischen Zusammentreffens nur die persönliche sein kann, also vor allem in den Burgen und auf diversen Festivitäten. Das gemeinsame Sippen in Präsenz, das Umarmen, das gemeinsame Atzen und Laben kann durch nichts adäquat ersetzt werden. Von diesen Begegnungen zehren wir allein schon jede Sommerung und jede Wochung.

Doch hat uns diese Pandemie auch vor Augen geführt, welch entbehrungsreiche Krisen unser aller Leben von heute auf morgen heimsuchen und bestimmen können. Diese Pandemie ist bei weitem noch nicht ausgestanden und es steht zu befürchten, dass wir in weiteren Pandemien erneut mit Burgschließungen oder anderen Einschränkungen konfrontiert sein werden.

Es gilt also im Sinne des schlaraffischen Zusammenhalts Konzepte zu erarbeiten, die die Sassen dennoch zueinanderfinden lassen, die Gefühle der Einsamkeit in verschlossenen Heimburgen zumindest von Zeit zu

Zeit hinwegfegen und der geistigen Trägheit ob mangelnder Fechsungsaktivitäten Einhalt gebieten.

Gerade die in der Profanei immer stärker voranschreitende Digitalisierung bietet uns Schlaraffen Möglichkeiten, die es vernünftig und mit Elan einzusetzen gilt. Natürlich empfinden wir elektronische Medien mitunter als befremdlich, doch finden sie immer mehr Eingang in unser schlaraffisches Leben. Denke man an die Tablets und Smartphones, die sogar von altgedienten Sassen und einigen Herrlichkeiten mancherorts bereits für deren Vorträge eingesetzt werden. Und an die längst alltäglichen Sendboten in Form von E-Mails!

Wenn wir mit Augenmaß, ohne Überforderung und mit Sachverstand die digitalen Möglichkeiten nutzen, eröffnen sich Chancen, die zuvor kaum möglich erschienen und die angesichts des hohen Durchschnittsalters aller Sassen reiflich anzudenken wären:

➤ Virtuelle Ausritte in alle – auch sehr ferne – Reyche wären leichter möglich.

➤ Es entstünde eine deutlich höhere, intensivere Vernetzung untereinander.

➤ Bresthafte Sassen und verwitwete Burgfrauen könnten integriert werden.

➤ Man könnte die Entwicklung einer schlaraffischen Zoom-Lösung andenken.

Natürlich gibt es auch Risiken, Gefahren und zwingende Vorschriften, die es ernst zu nehmen gilt:

➤ Es darf keine schlaraffische Parallel-Welt entstehen. Die Realität hat stets unbedingten Vorrang!

➤ Schlecht gemachte Beiträge in sozialen Medien (Youtube) existieren bereits heute. Diese missachten die DSGVO, die über all dem steht.

➤ Es könnte auch eine Verflachung des Niveaus à la Facebook drohen. Aber dafür sind die Sassen zu sehr Schlaraffen.

➤ Es droht der Geschäftssinn eifriger Sassen, v.a. aus entsprechenden profanen Branchen. Man denke an die Facebook-Aktivitäten der österreichischen Freunde.

Wenn wir uns etwas wünschen würden, dann:

➤ dass virtuelle Sippungen auch ohne Zählung erlaubt und gefördert werden,

➤ dass diese sogar zentral beworben werden,

➤ dass es gar ernsthafte Versuche für hybride Sippungen geben möge,

➤ und auch, dass alle Reyche in solch schweren Zeiten mannigfaltige Aktivitäten entwickeln mögen.

Die Corona-Pandemie ist noch lange nicht ausgestanden und auch andere Krisen rücken uns zunehmend zu Leibe. Angesichts dessen bedarf es einer langfristigen Strategie und guter Konzepte, wie die Freundschaftspflege und das Spiel unter Schlaraffen dennoch fortgeführt werden können.

Abwarten und hoffen, dass sich die dunklen Wolken verziehen, ist kein zielführender Ansatz.

Ein reichhaltiges Angebot an realen und virtuellen Treffen sowie geistig und humorvolle Anregungen täten allen Sassen im Uhuversum gut.

Der Autor, Rt Basso-contonio, wirkt als Junkermeister im Reych Ratisbona (12).

Kontakt: anton@brucker.bayern

Wɪʀ schaffen das.